AF318717

CHARLES CHABOT

ur de Science de l'Éducation à l'Université de Lyon.

LA
PÉDAGOGIE AU LYCÉE

NOTES DE VOYAGE

SUR LES

SÉMINAIRES DE GYMNASE EN ALLEMAGNE

PARIS

LIBRAIRIE ARMAND COLIN

5, RUE DE MÉZIÈRES, 5

LA
PÉDAGOGIE AU LYCÉE

NOTES DE VOYAGE

SUR LES

SÉMINAIRES DE GYMNASE EN ALLEMAGNE

CHARLES CHABOT

Professeur de Science de l'Éducation à l'Université de Lyon.

LA
PÉDAGOGIE AU LYCÉE

NOTES DE VOYAGE

SUR LES

SÉMINAIRES DE GYMNASE EN ALLEMAGNE

PARIS
LIBRAIRIE ARMAND COLIN
5, RUE DE MÉZIÈRES, 5

1903

LA
PÉDAGOGIE AU LYCÉE

AVANT-PROPOS

Au moment où s'affirme chez nous l'intention d'organiser, sous une forme qui reste à trouver, la préparation professionnelle des maîtres de l'enseignement secondaire, il importe évidemment de savoir comment on l'a comprise à l'étranger, en Allemagne surtout, où cette institution est depuis longtemps établie, sans cesse étudiée et améliorée, variable d'un pays à l'autre et par là d'autant plus instructive, récemment transformée dans la plupart des grands pays.

Les renseignements qu'on trouvera dans ce petit livre pourront contribuer à la faire connaître. Préoccupé depuis longtemps de la question, j'ai voulu voir les choses de près et les hommes à l'œuvre. Je suis allé récemment, avec une mission qui m'y introduisait, visiter un certain nombre de *séminaires de gymnase*. J'offre ici le résultat de mon enquête.

J'ai renoncé à exposer ou résumer les documents administratifs, les règlements officiels ; non pas qu'il ne soit fort utile ou plutôt indispensable de les connaître ; mais ce travail vient d'être fait et fort bien fait.

Après l'intéressant ouvrage de M. Dugard[1], le livre de M. Langlois[2] ne laisse là-dessus rien à souhaiter. J'y renvoie donc le lecteur une fois pour toutes, et je me contenterai de rappeler l'essentiel autant qu'il sera nécessaire pour faire comprendre les applications et les exemples. Ce sont en effet des choses vues et entendues que je rapporte, et qui permettent de juger de la valeur pratique de l'institution. Plusieurs professeurs allemands m'ont exprimé eux-mêmes le regret d'ignorer ce qui se passe en fait dans les séminaires des différents pays. Si incomplète que soit cette enquête, je puis donc espérer qu'elle soit utile.

J'ai dû nommer les personnes et essayer d'esquisser la physionomie des hommes et des établissements, sans quoi j'aurais manqué mon but. Car j'ai voulu voir et je voudrais dire ce qu'est la réalité pratique, vivante, diverse par conséquent avec les maisons et avec les hommes. Et cela est d'autant plus important que cette organisation, fixée en principe et faite pour durer, est encore pour le détail dans la période des essais et des expériences, toujours variables avec les initiatives individuelles. J'ai mis tout mon soin à en saisir et à en retracer des images fidèles. J'ai décrit et apprécié les choses et les personnes en toute sincérité et liberté. Ce m'est aussi un devoir de sincérité de dire combien j'ai trouvé partout[1] d'empressement et de bonne grâce

---

[1] *De la formation des maîtres de l'enseignement secondaire.* 1 vol. Librairie Armand Colin, 1902.

[2] *La préparation professionnelle à l'enseignement secondaire.*

[1] Sauf une exception pourtant, à Berlin.

à m'accueillir. Si j'en suis d'abord redevable aux lettres officielles qui me recommandaient, j'ai rencontré aussi chez ceux qui m'ont reçu autre chose que la politesse officielle, et à quoi j'ai été vivement sensible. Plusieurs directeurs et professeurs qui étaient venus en France, et qui en gardent le plus agréable souvenir, tenaient, pour ainsi dire, à remercier en m'accueillant leurs collègues français. Que mes propres remerciements aillent aux uns comme aux autres.

ORGANISATION GÉNÉRALE DU TRAVAIL

DANS LES SÉMINAIRES

Voici des jeunes gens qui se présentent pour être professeurs d'enseignement secondaire. Ils ont achevé leurs études d'Université ; ils ont passé l'examen d'État qui est l'analogue sinon l'équivalent de notre agrégation, ou plutôt qui tient à la fois de la licence et de l'agrégation. Vont-ils être, comme chez nous, aussitôt nommés à des postes de début qui seront en même temps pour eux, aux risques et périls des élèves, des postes d'apprentissage ? Non ; ils ne seront d'abord que stagiaires, sous la surveillance et direction du chef de l'établissement, avec l'obligation de passer, au bout de l'année un examen pédagogique (*Prüfung*) qui seul leur ouvre vraiment la carrière. C'est le régime, depuis longtemps appliqué, de l'année d'essai ou *Probejahr*. Mais ce n'est pas tout. Ce stage même a paru insuffisant pour des raisons diverses, dont les principales sont que la direction laisse souvent à désirer, et que le débutant ne connaît toujours ainsi que sa classe et son enseignement. Il y a une dizaine d'années (1890), après de longues études et discussions, la Prusse, dont l'exemple a été ou va être suivi par les autres pays de l'Allemagne, a établi une organisation nouvelle. Elle a imposé à ces candidats au professorat, après l'Université et avant le probejahr, une année de *séminaire*, c'est-à-dire de cours pédagogique normal à la fois théorique et pratique dans un gymnase bien conduit qui pût servir à la fois de modèle et d'école d'exercice [1].

Ils sont donc réunis par groupes de quatre ou de six ; et chaque groupe passe un an dans un de ces gymnases spécialement désignés. Ils entendent et ils font des exposés pédagogiques, des comptes rendus d'ouvrages ou d'articles sur des questions d'enseignement et d'éducation. Une bibliothèque spéciale est à leur disposition, qui contient les livres nécessaires à l'étude de ces questions. A la fin de l'année ils doivent remettre un mémoire pédagogique sur un sujet imposé ou agréé par le directeur. C'est donc une année d'études spécialement pédagogiques. Voilà pour le travail théorique. D'autre part, pratiquement, suivant un emploi du temps fixé par le directeur, ils assistent à des leçons de professeurs qui servent de leçons-modèles (*Musterlektionen*), et cela dans toutes les branches de l'enseignement ; ils font eux-mêmes des leçons d'essai (*Probelektionen*) qui sont écoutées puis critiquées par leurs camarades, par le professeur de la classe, par le directeur et son « assistant ». Ils sont aussi, à l'occasion, chargés de suppléer les professeurs absents ou malades, et sont, comme tels, admis à l'as-

---

[1] Je ne parlerai guère ici que des nouveaux séminaires, non des anciens, dont le régime se rapprochera sans doute progressivement de celui des nouveaux.

semblée des professeurs. Enfin, ils doivent se mêler autant que possible à la vie des élèves, suivre les récréations, exercices de gymnastique, promenades et excursions scolaires, etc. Au moins une fois par semaine, ordinairement après une leçon d'essai, a lieu la *séance* du séminaire. Elle est présidée par le directeur ; tous les candidats sont tenus d'y venir, à moins que l'un d'eux ne soit retenu par un service de suppléance. D'autres professeurs y peuvent assister, en particulier ceux des classes où les leçons ont été faites. La séance est occupée par des comptes rendus de livres ou d'articles, par des rapports et discussions, par des leçons de pédagogie, surtout par la critique des leçons d'essai. Les procès-verbaux des séances, rédigés à tour de rôle par les candidats sont réunis en un cahier. En Prusse ces cahiers sont à la fin de l'année envoyés à l'inspecteur de la province (*Provinzialschulrat*) qui les fait circuler de séminaire en séminaire, afin que chacun profite du travail des autres, sans doute aussi afin que le zèle de tous soit soutenu par la pensée de ce contrôle réciproque.

Ainsi un séminaire de gymnase n'est pas un établissement spécial, une école normale secondaire avec ou sans école annexe ; c'est une organisation spéciale annexée à un gymnase et qui en peut être détachée d'une année à l'autre, car elle est confiée au directeur en qui on a cru reconnaître le talent, le zèle, la puissance de travail nécessaires, et à qui cette fonction est retirée si elle paraît au-dessus de ses forces ou de son mérite. On s'y propose un double avantage : 1° que les futurs professeurs fassent l'apprentissage de leur enseignement sous une bonne direction ; 2° que chacun d'eux voie de près et étudie, en même temps que les principes de l'enseignement secondaire, l'organisation et la vie d'un grand établissement, afin de comprendre ce qu'on attend de lui. Au lieu d'être enfermé tout de suite dans sa spécialité et dans sa classe, chacun assiste aux classes les plus diverses, et à des classes bien faites ; il connaît le travail des divers professeurs, celui des élèves, celui même du directeur. Il comprend que la collaboration de tous est nécessaire et combien elle exige de bonne volonté. Il est capable de se placer, au point de vue de l'intérêt général, au centre de l'organisation.

Cette année est en principe gratuite, je veux dire onéreuse pour les candidats. C'est une charge nouvelle ajoutée aux années d'Université. En fait, cependant, elle n'est pas toujours et tout onéreuse. Certains d'entre eux obtiennent des bourses de 150 à 250 marks ; les suppléances leur sont payées ; parfois ils donnent des leçons aux élèves, et dans quelques villes ils font des cours rétribués aux écoles d'adultes (éducation post-scolaire ou *Fortbildung*). Quant au directeur, il reçoit en moyenne (du moins en Prusse) 600 marks ; le professeur qui l'assiste dans la tâche du séminaire en reçoit 400 ; souvent ils se partagent une indemnité de 300 marks destinée à payer le service dont ils doivent en principe être déchargés et qu'ils conservent. Si l'on ajoute à ces dépenses celles des bibliothèques (150 marks pour chacune) on compte au budget prussien plus de 30.000 marks pour les séminaires; somme insignifiante après tout si l'on doit avoir pour ce prix de jeunes professeurs qui sachent déjà leur métier et qui en aient pris le goût.

On imagine facilement en quoi consiste le travail théorique des candidats : une leçon de pédagogie, un compte rendu de livre ou d'article, la rédaction d'un mémoire.

Il est plus curieux de savoir comment se font les classes d'essai qui sont l'épreuve caractéristique. Je raconte plus loin, de même que pour les séances, celles auxquelles j'ai assisté ; mais je note tout de suite les ressemblances et les traits communs pour simplifier et pour faire mieux comprendre les différences mêmes.

C'est le directeur qui détermine le jour et l'heure de la leçon, la classe où elle sera faite. Par là même en est, sauf exception, fixé le sujet, puisqu'elle prend la place d'une leçon du professeur ordinaire. Chaque candidat n'enseigne que dans sa spécialité ou plutôt dans une de ses spécialités [1]; mais tous assistent à toutes les leçons d'essai comme aux leçons modèles. Le directeur doit être là, ou du moins le professeur qui le seconde pour le séminaire ; presque toujours ils y sont tous deux, et avec eux le professeur de la classe. Ils se placent à leur gré dans la salle, soit à côté de la chaire, soit dans la chaire, soit sur des bancs d'élèves.

[1] On sait qu'en Allemagne les professeurs sont moins spécialisés que chez nous. Ils doivent avoir trois certificats au moins. On peut être certifié, par exemple, pour le grec, le latin, l'histoire; ou pour l'allemand, la religion, le français, etc.

Les collègues du candidat chargé de la leçon s'installent ordinairement à une table spéciale, où ils ont toute commodité pour prendre des notes. Le jeune professeur se tient debout, à droite de la chaire presque toujours. Il a en main ou à sa portée un plan détaillé de sa leçon dont il a remis copie au directeur ; ce plan est en général assez long, et fixe non seulement les articulations de la leçon, mais la place et le moment des divers exercices, interrogation, lecture, dictée du résumé, etc. C'est, comme on dit chez nous dans l'enseignement primaire, un carnet de préparation consciencieusement établi ou une feuille de ce carnet. Il a aussi une liste des élèves ; il m'a semblé qu'elle ne lui donnait pas toujours la topographie de la classe avec le moyen de trouver tout de suite un élève à sa place. Mais souvent il connaît les enfants, ou quelques-uns d'entre eux tout au moins, surtout s'il a déjà été chargé de suppléances. Il les interpelle simplement par leur nom, en les tutoyant jusqu'à la Troisième environ, comme c'est l'usage.

Je ne sais comment se comporteraient les élèves en face du candidat s'il était seul ; cela serait évidemment, comme partout, assez variable. Ici, en présence de tant d'autorités, il n'y a, bien entendu, aucun écart de discipline ; pourtant, même dans ces conditions exceptionnelles, un homme du métier peut voir que l'attention, le zèle, la tenue même des écoliers se relâchent après la correction des premiers moments, si le talent et la vigilance du jeune maître ne savent pas les soutenir. En tous cas, on ne considère nullement que cette classe d'essai soit une classe à refaire, du temps perdu pour les élèves, et une expérience faite à leur détriment. Elle s'intercale simplement dans la série. Sans doute il peut, il doit y avoir des exceptions, des accidents à réparer; il se peut que le professeur tienne à revenir sur tel ou tel point pour rectifier ou compléter. Mais partout on m'a déclaré que ni la vie de la classe ni l'enseignement du professeur n'en étaient réellement troublés ou retardés : tout ce que j'ai vu est d'accord avec ce témoignage, car les leçons que j'ai entendues étaient toutes consciencieuses et utiles. Du reste, ces candidats n'ont-ils pas tous leurs titres scientifiques, et ces leçons d'essai ne sont-elles pas préparées de plus près que la plupart des leçons ordinaires? Reste l'inexpérience ; mais elle est après tout moins dangereuse ici que dans le régime qui livre du premier coup et tout à fait une classe à un débutant.

C'est surtout dans la physionomie des séances qu'on peut le mieux saisir le caractère de cette institution des séminaires, et les relations qu'elle établit entre les personnes. Cette physionomie diffère, cela va sans dire, avec les pays et avec les hommes. Voici pourtant quelques traits généraux, fidèlement notés, qui donneront une idée de ces relations délicates, et qui me dispenseront de redites.

Candidats, professeurs, directeur sont assis autour d'une table ; et ordinairement, sauf dans les discussions, chacun prend la parole à son rang. Le directeur la donne d'abord aux candidats, parfois au jeune maître qui a fait la leçon et à qui il demande de se critiquer le premier, puis au professeur de la classe s'il est là, et au professeur du séminaire ; lui-même parle le dernier. Le ton dépend évidemment de lui dans une large mesure. C'est lui qui donne la note. Ici, par exemple en Prusse, la gravité domine et une certaine sévérité qui tient à distance ; là, par exemple en Bavière, il y a plus d'aménité et de bonne humeur. Je n'ai trouvé nulle part la raideur hautaine qui refroidit ou décourage, encore moins le ton plaisant qui trahit le scepticisme. Chacun prend son rôle au sérieux.

L'attitude des candidats, quel que soit leur sentiment, est déférente, ni boudeuse ni obséquieuse. Ces jeunes gens, au sortir de l'Université, ont conscience certes de leur valeur et de leurs titres académiques ; mais ils semblent convaincus aussi qu'ils ont ici quelque chose à apprendre. J'en ai vu qui mettaient à le reconnaître beaucoup de simplicité et de bonne grâce ; l'expérience de chaque jour ou de chaque semaine ne permet du reste pas de l'oublier. L'attitude du directeur et du professeur, avec une nuance où se retrouve la hiérarchie, garde le ton de l'autorité, mais d'une autorité bienveillante et qui s'applique à être utile. S'ils tiennent, comme il convient et comme c'est leur devoir, à donner à des étudiants d'hier la preuve de leur compétence scientifique autant que pédagogique, ils n'oublient pas qu'ils ont affaire à de jeunes maîtres, qui parfois sont leurs anciens élèves et qui demain seront des collègues. Et c'est ce titre : mon cher collègue (*Herr Kollege*) qu'ils leur donnent en s'adressant à eux. Comme ici ils enseignent encore plus qu'ils ne commandent, il est inévitable qu'ils aient pour ces « élèves-maîtres », les sentiments d'amicale affabilité qui rapprochent un professeur de ses étudiants quand il ne s'enferme pas dans sa chaire. Aussi la plus grande liberté est-elle laissée aux candidats, dans les discussions et rapports, pour exprimer leur avis. Il se peut que certains directeurs soient plus autoritaires, plus soucieux d'imposer leurs théories et leurs procédés que de former de jeunes maîtres; mais tous ceux que j'ai entendus avaient, chacun avec son tempérament et toujours avec le tempérament allemand, autant de libéralisme que d'autorité. En gardant leur rang et le dernier mot, en maintenant l'ordre et le calme dans les discussions, ils savaient donner place à tous les avis, accueillir toutes les objections. A côté de cela, l'autorité des programmes et des règlements reste incontestée. Directeurs, professeurs et candidats les apprécient et les critiquent assez librement; mais jusque dans ces critiques persiste le respect de la parole officielle. On sait comment en Allemagne se concilie l'esprit de discipline dans la pratique avec la plus grande hardiesse d'idées et de discussion.

Dans les critiques adressées aux candidats il y a souvent de la sévérité, non de l'acrimonie ou de la hauteur dédaigneuse. Les plus vives, les moins bienveillantes, sont, comme il est naturel, celles que ces jeunes gens adressent à leur collègue qui est pour le moment sur la sellette. Quelques-uns ont la dent un peu dure, et j'ai eu l'impression que tel ou tel d'entre eux n'était pas fâché de relever une faute, un travers, une erreur, et de profiter de ses avantages. Mais chacun est à son tour exposé au même risque ; les rôles changent de semaine en semaine, et j'imagine que ces jeunes « séminaristes » restent bons camarades ou même plus étroitement unis après cette année d'épreuves et de compagnonnage. C'est aussi une impression très nette que j'ai emportée de ces séances. Quant aux critiques du directeur ou du professeur, elles sont souvent moins dures, toujours très fermes, comme il le faut pour qu'elles soient utiles. Elles ne ménagent ni la vanité ni l'amour-propre ; elles relèvent les travers ou les ridicules de l'attitude ou de la parole, l'accent provincial, l'exubérance ou la nonchalance aussi bien que les erreurs ou les défauts de méthode. Mais elles ne sont ni blessantes ni décourageantes. Au contraire, sauf pour des cas très exceptionnels de paresse ou de mauvaise volonté, le directeur et son assistant encouragent leur jeune collègue. Ils lui font toucher du doigt ce qui lui manque pour bien faire ; mais ils lui indiquent les moyens de l'acquérir, et lui donnent la confiance qu'il y réussira. En un mot, ce que j'ai vu partout, ce sont des relations courtoises, amicales en même temps que hiérarchiques, où domine le bon vouloir réciproque. Dans bien des cas il m'a semblé, en effet, qu'une amitié particulière devait s'établir entre les maîtres et les « apprentis », et qu'un jeune professeur devait aimer à revenir enseigner dans le gymnase où il a appris le métier avec un bon directeur.

Voici maintenant des exemples. Je commence par la Prusse et par Berlin.

LA PRUSSE

—

BERLIN

M. Ulbrich dirige le Dorotheenstädtisches Gymnasium et le Séminaire qui y est pour le moment annexé ; il enseigne lui-même le français, qu'il connaît bien comme grammairien et qu'il parle avec aisance, quoiqu'il n'ait fait qu'un séjour en France, à Paris, en 1865. Il a mis la plus aimable obligeance à avancer d'un jour, pour me permettre d'y assister, la séance du séminaire qui était, comme dans beaucoup de gymnases, fixée au mardi, ainsi que la leçon d'essai qui devait la précéder. C'était une leçon de français en III[b] (Untertertia) [1] ; l'enseignement du français commence ici en IV.

Nous voici réunis dans la classe qui compte 46 élèves. Les six « candidats » du séminaire sont là avec le

[1] Je rappelle une fois pour toutes le nom des neuf classes d'un gymnase prussien : VI, Sexta. — V. Quinta. — IV. Quarta. — III[b]. Untertertia. — III[a]. Obertertia. — II[b]. Untersekunda. — II[a]. Obersekunda. — I[b]. Unterprima. — I[a]. Oberprima. La correspondance avec nos classes, de la Huitième à la Philosophie est facile à établir.

directeur. La leçon est faite par l'un d'eux, le D' X,
qui en a remis d'avance le plan détaillé. Ce plan
comprend deux parties : répétition de la leçon précédente avec interrogation ; leçon nouvelle.

Il est très développé et indique tout ce qu'on peut
prévoir, non seulement les questions qu'on veut poser,
mais encore la place et l'occasion de questions incidentes et imprévues. On commence par une récitation
de mots français qui est bien conduite ; les questions
sont adressées à toute la classe ; presque tous les
élèves demandent à répondre ; ils savent les mots,
mais se trompent souvent sur les genres et la prononciation. Le maître rectifie, avec un accent qui n'est lui-
même pas irréprochable. Il donne en français quelques
ordres ou observations : Encore une fois ! Parlez haut !
Toute la classe ! Puis on arrive au texte de la dernière
lecture (L'avare et sa sacoche) ; l'histoire est reprise
et racontée de mémoire en français et assez couramment par plusieurs élèves. Ici se placent des exercices
de grammaire sur les verbes passifs ; les élèves restent
attentifs, mais les réponses moins vives ou moins
heureuses provoquent l'impatience du maître qui
relève les fautes assez brusquement. La seconde partie de la leçon porte sur un nouveau morceau du texte.
Le professeur le lit tout d'abord ; un élève traduit la
première phrase que d'autres répètent, et ainsi de
suite. La direction est moins bonne qu'au début et
trahit un peu de fatigue et d'incertitude. Cet exercice
est entremêlé ou suivi de questions sur les verbes
réfléchis et sur les verbes neutres, où le vocabulaire a

sa place en même temps que la grammaire. L'heure sonne avant que le programme de la leçon soit achevé. Il est 11 heures 1/4 ; nous passons dans une salle de la bibliothèque pour la séance du séminaire dont le programme est chargé.

Après la lecture du procès-verbal, très court, de la séance précédente, le directeur signale une publication nouvelle sur l'enseignement secondaire où se trouvent en particulier une critique très vive de notre récente réforme orthographique (M. Koschwitz), un article sur Hugo, un autre sur le Congrès de l'enseignement moyen à Bruxelles. Son assistant (professeur spécialement chargé du séminaire) rend compte en quelques mots d'autres articles ou ouvrages, sur le Philanthropinum de Dessau, sur l'école de M. Demolins, sur les établissements d'éducation à la campagne.

La seconde partie de la séance est consacrée à la critique de deux leçons d'essai faites dans la semaine, leçons de français toutes deux, l'une du D^r Z, l'autre du D^r X, que nous venons d'entendre. La première est critiquée d'abord par un des candidats qui relève des détails; puis par le professeur du séminaire dont le jugement est plus complet et plus pénétrant. Le programme n'a pas été rempli, ni le temps bien distribué, ni les fautes de prononciation assez nettement corrigées ; le candidat a manqué de calme dans l'interrogation ; il interrompait les élèves mal à propos. On doit poser des questions claires, les poser nettement, attendre un peu la réponse ; on doit aussi définir tous les mots nouveaux, per genus proximum et differentiam

specificam. Enfin, et surtout, le programme de grammaire était trop long ; et il fallait le traiter à la place
indiquée sans y revenir à la fin. Le Dr Z répond à ces
critiques, et se défend ou s'excuse avec bonne grâce.
Il se justifie sur certains détails, mais reconnaît qu'il
manque encore de calme, et qu'il doit s'appliquer à se
corriger de ce défaut. Le directeur conclut en repre-
nant brièvement et avec autorité les critiques essentielles. Il faut, dit-il, prendre de bonne heure l'habitude
de parler distinctement, avec calme et avec correction,
en construisant et achevant ses phrases. Et le candidat doit y mettre d'autant plus de soin qu'il risque fort
d'accélérer encore son allure et d'être moins calme
quand il sera seul, dans sa classe.

Sur la leçon de ce matin deux candidats prennent la
parole. Le premier, d'un ton très posé et convaincu,
reproche au Dr X de n'avoir pas lu d'abord et fait
lire tout le morceau, d'avoir souvent parlé à tel ou tel
élève particulièrement, au lieu de s'adresser à toute
la classe, d'avoir donné en exercice des mots trop difficiles comme : *éclore*. Il relève ses fautes de prononciation (*zinq, zeux,* pour cinq, ceux, etc), des traces de
dialecte thuringien, des erreurs de traduction, etc. Le
second « séminariste » reprend une ou deux de ces
observations, en ajoute d'autres sur l'attitude du Dr X,
qui aurait dû se déplacer dans la classe, sur des fautes
d'accent, exagéré ou mal placé, sur un défaut de
méthode assez grave, car il n'a pas tiré la règle
d'exemples concrets avant de la formuler.

La critique du directeur plus méthodique, vraiment

magistrale, relève les fautes avec beaucoup de précision et de sévérité au point de vue technique, avec beaucoup de bienveillance dans le ton. Le programme était trop long ; on n'a pu aller jusqu'au bout ; et surtout l'allure n'était pas assez vive. Il faut que la classe soit plus rondement menée (*Schnell!*). Les mots à réciter doivent voler de tous les points de la classe. Et il ne suffit pas de faire répéter les phrases du morceau par deux ou trois élèves ; il faut en prendre un grand nombre, le plus possible ; tous devraient y passer. Pour la lecture avec traduction, la bonne méthode consiste à lire d'abord soi-même et traduire couramment tout le morceau pour orienter l'esprit des élèves, puis à le leur faire reprendre phrase par phrase. Sur le détail, les critiques fort nombreuses du directeur sont celles d'un grammairien très compétent. En voici quelques-unes. Il faut prononcer tăble et non tāble, ŏrateur et non ōrateur, rĕcommander et non récommander ; il ne faut pas dire maiaison, raendre, onkel, êteur (pour être).

La prononciation du français, ajoute-t-il non sans une pointe d'exagération, doit être uniforme (gleich-mässig), coulante, semblable au cours uni d'un canal. Les liaisons sont difficiles et ne peuvent être apprises que par une longue pratique bien dirigée. Quelques conseils enfin de didactique générale : l'interrogation doit être nette et méthodique ; le candidat a posé certaines questions en trois formules différentes : il déroutait ainsi l'élève au lieu de le laisser chercher et trouver la réponse. Mais ce qui domine tout, c'est la nécessité d'accélérer le mouvement de la classe. Schnell ! Laut und Schnell! Il faut que les élèves ne perdent aucun temps, qu'ils n'aient ni le loisir ni le désir de relâcher leur attention; il faut qu'ils soient tenus en haleine et en action, comme électrisés.

Nous passons à la dernière partie de cette séance; rapport ou exposé pédagogique fait par un candidat et discussion de ses conclusions. Il s'agit du rôle des devoirs écrits dans l'enseignement du français et de l'anglais. Pour l'ancienne méthode ils étaient l'essentiel; la nouvelle leur donne moins de place et s'attache à faire parler les élèves. L'avis du rapporteur est qu'il ne faut pas les supprimer, mais les réduire et les combiner avec les exercices de parole. Par exemple, on écrira d'abord au tableau des phrases que les élèves copieront sur leurs cahiers; on évitera la dictée pure parce qu'il importe que les enfants voient d'abord les mots bien écrits. On prendra une phrase simple comme : *J'ai un journal*, et on fera faire là-dessus des exercices de déclinaison et de conjugaison. C'est seulement après cette préparation que viendront les extemporalia, puis les devoirs écrits. On pourra, pour commencer, poser une question au tableau, et demander aux élèves d'y répondre dans un devoir écrit.

La suite du rapport est remise à la séance prochaine, et la discussion s'engage sur la première partie, discussion calme, méthodique, toujours de bon ton et intéressante, que résume et conclut l'appréciation du directeur. Suivant lui, les devoirs écrits ne doivent que préparer la composition libre, et il faut abandonner aussitôt que possible les phrases détachées. La marche sera donc la suivante : 1° la copie ; 2° la dictée, mais pratiquée avec précaution : on guidera toujours les élèves dans les difficultés, et on joindra à la dictée des exercices sur la formation des mots ; 3° les extemporalia dont la matière sera toujours empruntée à des morceaux déjà lus ; 4° les exercices préparatoires à la composition, dont on trouvera des exemples dans des livres scolaires de lectures françaises.

La séance a duré plus d'une heure et demie. Elle a été bien remplie, ce résumé suffit à le montrer. Je voudrais aussi qu'il en pût rendre la physionomie sérieuse et convaincue, vive pourtant et familière, tout ensemble ; je voudrais qu'on y pût retrouver l'accent de sincérité qui l'animait, le zèle pédagogique de tous, et surtout l'autorité bienveillante du directeur, M. Ulbrich qui mettait à conduire cette conférence autant de simplicité que de compétence, autant de verve que de méthode. Voilà sans aucun doute deux heures bien employées, et où on a fait d'utile besogne.

SÉMINAIRE DE STEGLITZ

Le lendemain matin, j'étais au séminaire de Steglitz où la vie pédagogique n'est pas moins active. Steglitz est une petite ville des environs de Berlin, à quelques kilomètres de Charlottenbourg, paisible comme un village, et dont le gymnase semble installé en pleine campagne. Le directeur est M. Lück, homme de beaucoup de distinction et d'autorité, jeune encore et très actif, à qui il n'est pas surprenant qu'on ait confié un séminaire. Il a mis, lui aussi, la plus grande obligeance à me renseigner, à m'exposer ses idées sur les séminaires, sur le principe de l'institution et les résultats acquis, sur les modifications nécessaires. Par exemple, le règlement porte que les candidats passeront le premier trimestre à suivre des classes et des conférences, à écouter sans enseigner eux-mêmes : c'est une erreur. Avant d'avoir mis eux-mêmes la main à l'ouvrage, ils ne comprennent pas les difficultés ; ils profitent mal de ce qu'ils entendent et de ce qu'ils voient. Aussi, dès maintenant, la plupart des directeurs les lancent au bout de quinze jours dans la pratique. N'oublions pas que cette organisation des séminaires est encore, pour le détail au moins, à l'étude, à l'essai, et d'autre part, qu'on tient à laisser aux directeurs une assez grande liberté d'initiative.

Mais voici l'heure de la classe où un candidat, M. B., doit faire en Quarta, devant une division de 30 élèves, une leçon d'essai sur l'histoire ancienne. Ici le directeur s'installe dans la chaire ; le professeur du séminaire est présent ; M. B se tient debout à droite de la chaire. Il a remis le plan détaillé de sa leçon ; il a lui-même à la main la liste des élèves, à sa portée le manuel de la classe. Chaque élève a devant lui un atlas historique. Au mur une carte spéciale de la bataille de Marathon, avec une image où sont figurés les combattants. On revient d'abord sur la leçon précédente qui concernait les Grecs d'Ionie : un élève répond, un autre montre au tableau, sur la carte, les lieux géographiques à mesure qu'ils sont nommés.

L'interrogation est claire, et la classe assez animée.
Mais le jeune maître attend un peu longtemps certaines réponses, parle lui-même un peu vite, non sans
brusquerie, s'adresse souvent au même élève. Le
directeur n'est pas satisfait, et il intervient pour récla-
mer de tous, élèves et maître, un mouvement plus
vif. L'interrogation traine, dit-il ; les réponses ne viennent pas assez vite ; on perd du temps. Un moment
après, il intervient encore pour faire répéter en chœur
un mot nouveau, et pour conduire d'une main plus
ferme et plus alerte une interrogation sur la route suivie par les Perses. Et l'on sent la différence entre le
jeune candidat consciencieux, zélé, instruit, mais
novice, et le professeur émérite qui enseigne à enseigner.

Aussitôt après la classe a lieu la séance du séminaire, consacrée d'abord et surtout à la critique de la
leçon. Chacun a pris des notes et s'en sert pour présenter ses observations ; la parole est donnée successivement aux candidats pour critiquer leur collègue.
Suivant le premier, la revision de la leçon antérieure
était bonne ; mais M. B était gêné pour interroger,
parce qu'il ne savait pas le nom des élèves et leurs
places, et devait trop souvent recourir à la liste ; de plus,
certaines questions étaient mal posées et trop générales. Pour l'exposé, bien présenté du reste, il aurait fallu
savoir ce que les élèves avaient déjà lu et lire un morceau de latin dans le livre des lectures latines (*Cornelius Nepos,* arrangé et corrigé par Ostermann). Ici, en
effet, l'enseignement du latin est l'enseignement cen-

tral autour duquel les autres doivent graviter, suivant le principe de la concentration. C'est l'avis très net du directeur qui approuve ces critiques.

Un autre candidat relève une expression trop difficile à comprendre pour des élèves de Quarta (Bruch des Volksrechts). M. B la justifie en principe, mais le directeur reprend amicalement qu'il fallait trouver des termes moins abstraits pour traduire la même idée. — Le troisième candidat n'a rien à ajouter à ce qui vient d'être dit. Le quatrième estime qu'on aurait dû montrer combien Athènes est petite en face de l'innombrable multitude des Perses, et rendre le contraste saisissant pour les enfants. « C'était, en effet, confirme le directeur, un point important et qui devait trouver place dans la leçon. Surtout il fallait éveiller l'intérêt passionné, l'enthousiasme (*Begeisterung*) des élèves, non par de grandes phrases déclamatoires, mais par des expressions fortes et caractéristiques, des images vives qui auraient frappé leurs esprits ».

C'est le tour du professeur du séminaire, M. Pralle, qui s'adresse très courtoisement à son jeune collègue. L'exposé, dit-il, a manqué de clarté. M. B aurait dû détacher en relief un portrait du Perse en se servant de l'image suspendue devant le tableau, et, d'autre part, du côté des Grecs, montrer toute l'âpreté de cette lutte pour la patrie. Il fallait utiliser davantage la carte, marquer en gros traits le plan et la route des Perses. Tout à l'heure on a critiqué trop vivement l'interrogation qui n'était pas mauvaise ; il reste cependant que les élèves étaient un peu surpris par certaines questions qui les dépassaient. En somme et malgré tout, la classe a dû profiter de la leçon.

Le directeur enfin résume et complète toutes ces critiques, en accueillant amicalement, chemin faisant, les réponses et les explications du candidat. Sa parole est amicale, mais on y sent toute l'autorité de sa fonction et de l'expérience. Il insiste sur le principe de la concentration, qui commandait ici de rapporter tout au latin, et de faire lire dans le *Cornelius Nepos* le récit de la bataille de Marathon. C'est la beauté d'un enseignement que tout s'y tienne, que tout s'y développe harmonieusement autour d'un centre. Il fallait aussi faire plus souvent usage de la carte, et, dans l'exposé, laisser tomber beaucoup de détails d'érudition, par exemple ne pas nommer de petites îles ici insignifiantes. L'important est de détacher l'essentiel et de le faire vivre devant l'esprit, presque devant les yeux des élèves. Il faut donc faire appel autant que possible à l'intuition, faire *voir* un Perse, un Grec, chacun avec son costume, sa taille, son allure, montrer aussi la multitude et la diversité des peuples chez les Perses.

Voilà pour le fond de la leçon. Pour la forme, la voix est bonne, mais la parole un peu dure et tranchante (*schärfer*), et le débit par moments trop rapide. En interrogeant, il faut autant que possible ne pas interrompre les élèves, mais les laisser répondre suivant ce qu'ils ont appris, et, avant de rectifier soi-même une erreur, demander d'abord à un autre élève de le faire. Les mots nouveaux doivent être épelés et répétés en chœur.

Une observation générale pour terminer : Le candidat qui a une leçon à faire doit, et personne n'y manque, la préparer par écrit. Mais il importe aussi que tous les autres y réfléchissent avant la classe ; ils profiteront mieux de cet exercice, et leur critique sera plus autorisée et plus pénétrante. J'espère qu'il en sera ainsi à l'avenir, ajoute M. Lück, et l'on sent à l'entendre que son conseil ne doit pas manquer d'être suivi.

Les qualités remarquables du directeur s'affirment encore dans la leçon de pédagogie qui occupe la fin de la séance, et qui traite de l'enseignement de l'histoire (programme et méthode). C'est une leçon méthodique, mais coupée de temps en temps par des questions posées aux candidats et des explications incidentes. Cet enseignement, dit-il, qui figure dans les neuf classes du gymnase comporte trois degrés : 1° Sexta et Quinta ; 2° de Quarta à Untersekunda ; 3° Sekunda et Prima. Le premier degré ne comporte pas en réalité un enseignement de l'histoire, mais une préparation à cet enseignement (récits, biographies avec images). L'histoire véritable commence au second degré, en Quarta. Quel en est le but? L'histoire est ici enseignée au point de vue concret, ou de la sensibilité (Empfindlichkeit). Le programme de Quarta comprend l'histoire grecque jusqu'à la mort d'Alexandre, l'histoire romaine jusqu'à la mort d'Auguste. Il est fort étendu : aussi doit-on passer vite sur les débuts, jusqu'à Solon et jusqu'à Pyrrhus. M. Lück rappelle de même le programme des classes suivantes, en insistant sur deux ou trois points. Au degré supérieur, toute une année est consacrée à l'histoire romaine ; on y doit insister sur les questions politiques, juridiques et sociales, en dégageant les analogies qui les rapprochent des questions actuelles comme celle du socialisme. Il est regrettable que le nouveau programme réduise sensiblement en IIᵃ la place des lectures latines.

Quant à la méthode, elle diffère évidemment d'un degré à l'autre. L'histoire grecque ne peut être enseignée de même en IV et en IIᵃ où elle est reprise. Il faut toujours s'attacher à l'essentiel, mais l'essentiel n'est pas le même ici et là. Après avoir demandé aux candidats de le déterminer, M. Lück conclut. Ce qu'il faut montrer surtout en IV, c'est l'homme *extérieur* ; en IIᵃ c'est l'homme *intérieur*. Par conséquent l'essentiel en IV, ce sera les guerres Médiques et Alexandre. La guerre du Péloponèse elle-même ne sera qu'au second plan. Sur le fond du récit devront se détacher des personnages saillants, comme Thémistocle, Démosthènes, etc., mais présentés dans le cadre des événements, et non plus en biographies isolées comme au degré inférieur. Dans tous les cas il faut, en s'adaptant à leur âge et à leur tournure d'esprit, intéresser les élèves : si tout ce qui est important, hommes et choses, n'excite pas leur curiosité et n'est pas connu et retenu par eux, c'est la faute de l'enseignement.

Ici, comme dans les autres séminaires, le procès-verbal de la séance est confié à un candidat, mais le directeur ne le désigne qu'à la fin pour tenir plus sûrement en éveil l'attention de tous.

De cette séance, je n'ai pu rapporter que quelques traits saillants, sans reproduire assez le ton, l'accent, la physionomie originale. Ce qui est certain, c'est que c'était bien une séance d'enseignement, où des débutants s'initiaient au métier en jugeant et discutant eux-mêmes une leçon, en écoutant les conseils d'un professeur émérite et ceux d'un directeur qui est vraiment l'homme de sa fonction.

SÉMINAIRE DU KÖNIGSTÄDTISCHES REALGYMNASIUM

Le ton est autre, mais non le principe, ni le zèle, ni les résultats au « Königstädtisches Realgymnasium » de l'Elisabethstrasse. Le directeur, M. Julius Lange, est un mathématicien, et son séminaire est surtout, sinon exclusivement, scientifique. C'est un homme d'une conscience scrupuleuse et qui porte dans ses fonctions la simplicité que donnent souvent les études scientifiques, avec une aisance familière, où l'autorité ne perd rien de son prestige. Il a visité en 1900 quelques lycées de Paris où il a été aimablement accueilli, et rend avec empressement la même politesse à un collègue français. Dès ma première visite, en me témoignant son admiration pour notre enseignement, il me renseigne avec beaucoup de bonne grâce et me montre les documents du séminaire. Le travail y est ainsi établi :

1º Pédagogie théorique : Leçons du directeur, du professeur chargé du séminaire, ou des candidats qui doivent préparer par écrit telle ou telle question générale (par exemple : l'organisation de l'école ; les récompenses et les punitions.) Les candidats doivent en outre faire les comptes rendus des leçons du directeur et des séances.

2° Exercices pratiques : Leçons modèles. Leçons d'essai. Critique des leçons d'essai.

3° Rédaction d'un mémoire pédagogique que chaque candidat doit remettre à la fin de l'année. La question est fixée par le directeur, mais il tient compte de la compétence spéciale des candidats et de leurs désirs. Ces travaux ont de 80 à 100 pages ; ceux que j'ai vus semblent faits avec soin. Voici quelques-uns des sujets qu'ils traitent : *L'École et la maison. — Le travail à la maison. — Concentration de l'enseignement. — Ratich et Coménius. — Locke. — Herbart* (sa pédagogie est ici suivie d'assez près). *— L'interrogation. — Le surmenage.* — Pour ces travaux, comme pour la préparation de leurs leçons, les candidats disposent d'une bibliothèque pédagogique assez bien montée (j'en ai pourtant vu de plus riches) dont le fonds comprend les grands manuels, encyclopédies et collections pédagogiques, et surtout les comptes rendus des réunions des directeurs, collection précieuse, qui fait pratiquement autorité et où l'on trouve réponse à toutes les questions d'enseignement. Ce recueil est pour beaucoup de maîtres le grand répertoire de la pédagogie des gymnases. M. Lange me montre encore les comptes rendus des séances, ses propres rapports sur les séminaristes. Ces rapports sont en général favorables, et témoignent que les candidats travaillent avec conscience. Il y a pourtant d'autres cas, et des jeunes gens qui manquent d'aptitude ou de zèle professionnels. Les critiques ne leur sont pas ménagées ; il arrive parfois que l'un d'eux soit obligé à redoubler son année de séminaire. Ce stage n'est donc pas de pure formalité et comporte une sanction qui peut être sévère.

Ici les candidats sont dans le deuxième semestre chargés d'un enseignement suivi, avec quelques heures de service par semaine. Pour le moment ils sont surmenés, en raison des suppléances qu'on est forcé de leur confier faute de professeurs débutants.

Quelques jours après, je retournais au Realgymnasium de M. Lange pour assister à une leçon modèle et à la séance du séminaire. Je rappelle que les séminaristes doivent tous venir à ces leçons, quelle que soit leur spécialité. Ceux d'ici sont « scientifiques », et nous sommes dans une classe de français en Prima. La leçon comporte la lecture et l'explication de deux textes de Coppée, pris dans un recueil de morceaux choisis, et dont l'un au moins est déjà connu des élèves. La première de ces pièces est l'*Épave*. Le professeur en rappelle les divisions, fait répéter le récit par les élèves qui répondent assez couramment, mais non sans accent ni fautes de détail ; il en fait lire ensuite la fin, et dégage pour résumer la pensée générale. Le texte suivant est *Le Drapeau*. Le professeur demande la date de l'épisode qu'il raconte, 1848, et rappelle les principaux souvenirs historiques qu'elle doit évoquer (Révolution de février, journées de juin, ateliers nationaux). On traduit à livre ouvert le début qui doit être su, en rendant compte des mots difficiles ; et le professeur prépare la leçon prochaine en expliquant la suite. Ces explications sont données en français et avec beaucoup d'aisance ; les élèves, cela va sans dire, les comprennent mieux qu'ils ne parlent eux-mêmes et qu'ils ne lisent les vers français. En résumé, nous avons assisté à une bonne classe qui a donné aux séminaristes, futurs professeurs de mathématiques ou de physique, une idée utile de l'enseignement du français.

Nous passons aussitôt, pour la séance du séminaire, dans le cabinet du directeur, où nous rejoint le professeur qui l'assiste et qui est un « littéraire ». On critique d'abord une leçon d'essai faite dans la semaine, leçon de physique. Les candidats ne disent que quelques mots, mais parfois assez sévères, sur l'épreuve de leur collègue. Le directeur est plus indulgent. Il parle sur les notes qu'il a prises à la leçon, avec un entrain familier et amical qui n'ôte rien à la fermeté de ses critiques et de ses avis. Les candidats prennent en note l'essentiel de ses observations. Ce sont d'abord des conseils généraux. Le professeur doit regarder l'élève qu'il interroge et pourtant, en même temps, tenir toute la classe sous ses yeux. Il faut, d'autre part, mettre dans le ton, pour l'interrogation en particulier, plus de chaleur et de mouvement que n'en mettait le candidat, et lancer plus vivement les plaisanteries, comme on le fait en France, pour réveiller l'attention. Au point de vue technique, la méthode de l'enseignement de la physique doit être claire et vraiment explicative. Avant la leçon, on montrera aux élèves les appareils, et on les leur laissera toucher, avec précautions, cela va sans dire ; l'exposé qui viendra ensuite n'en sera que plus intéressant et mieux suivi. Il faut toujours partir de faits concrets. Si l'on a, comme c'était le cas, à expliquer la théorie de l'éclair, on rappellera aux élèves ce qu'ils savent déjà d'après l'expérience vulgaire, les faits de mort par la foudre, les anecdotes sur Franklin, etc. C'est le principe de la méthode qui va des faits d'intuition à la loi. Il ne faut rien négliger des particularités qui peuvent frapper l'esprit des élèves et fixer l'idée dans leur mémoire. Ainsi, le candidat aurait pu se servir d'une remarquable photographie d'un éclair obtenu par un professeur du gymnase. Il faudra aussi, la prochaine fois, montrer aux élèves un appareil qui appartient au gymnase, et qui représente une maison miniature avec un toit de métal pour les expériences sur la foudre et le paratonnerre. A la fin de la classe, il est bon de laisser examiner les appareils, mais sans permettre aux enfants de se presser trop nombreux et de se pousser autour de la table ; il faut du premier au dernier moment garder l'autorité (das Kommando) qui maintient l'ordre.

La parole est ensuite donnée au professeur du séminaire, M. Evers, pour une leçon de pédagogie sur l'enseignement de l'histoire, que ces jeunes maîtres « scientifiques » n'auront pas à pratiquer, mais dont ils doivent comprendre le rôle et l'importance. Cette leçon, en grande partie rédigée ou dont le plan écrit est très développé, s'attache au commentaire du programme et de ses instructions. L'histoire, dit M. Evers, est, suivant le mot de Herder, un miroir de l'humanité. Elle doit donc nous en montrer la physionomie exacte, mais elle doit aussi nous convier à admirer ce qui est beau, à condamner et à haïr les laideurs morales et sociales.

Cet enseignement a sa place à côté de ceux de la religion et de la langue nationale, suivant le principe de la concentration telle que l'entend Schrader (*Erziehung's und Unterricht's Lehre*). On doit exciter l'intérêt en montrant dans la vie de l'humanité les grandes luttes et les grands sacrifices. Sans doute, on doit savoir beaucoup de faits et établir l'enseignement sur une solide science historique; mais la science ici n'est pas tout, et il faut prendre garde, notamment, de se perdre, à la poursuite d'un détail, dans les hypothèses des érudits. Le professeur signale toutefois en passant comme fort importante la conférence de F. Delitsch *Babel und Bibel*, esquisse d'une histoire de la civilisation où l'auteur met ingénieusement à profit les monuments et les inscriptions; et le directeur me dit en aparté que l'empereur a voulu la lire et se l'est fait remettre. « En un un mot, l'histoire doit servir à l'éducation sociale et politique des esprits, en Allemagne surtout où nous avons, dit M. Evers, à combattre le particularisme ou individualisme égoïste. Nous manquons encore de sens politique et civique; nous ne voyons pas assez que tout travail a un but social, au moins un sens, une valeur sociale. Pour suggérer et exciter cette conscience politique (*Staats-bewustsein*) l'histoire romaine est importante, mais ily a danger pourtant que l'État y fasse oublier Dieu.

« Il est nécessaire, en effet, de reconnaître l'action divine que montrent, par exemple, les grandes catastrophes, le rôle incontestable du peuple juif gardien de l'idée monothéiste, l'importance historique des époques religieuses. Bref, l'histoire doit exciter aussi en l'homme le sentiment de la responsabilité religieuse. Il ne s'agit pas d'enseigner une dévotion grossière, qui n'est pas plus la piété que le chauvinisme n'est le patriotisme. Il s'agit de la conscience religieuse grâce à laquelle l'homme se sent, en réalité, non en paroles, près de Dieu ». Le professeur, avec un accent de conviction profonde, conclut que l'histoire bien enseignée est à la fois *éthique*, car elle fortifie le cœur ; *patriotique*, car elle développe le sentiment national ; *religieuse*, car elle éveille le sentiment religieux.

Je prenais à entendre cette leçon un double intérêt, et je voudrais qu'il fût sensible jusque dans ce résumé. D'une part, en effet, il est intéressant de voir dans quel esprit est ou doit être enseignée l'histoire dans un gymnase prussien, car ce commentaire est très fidèle aux instructions du programme. S'il est vraisemblable que l'enseignement n'est pas partout identique et que chaque professeur met l'accent sur un point différent, il est certain aussi que nous avons là l'expression de la pédagogie orthodoxe et moyenne, de celle qu'on donne comme viatique aux débutants. Il n'était pas moins instructif, d'autre part, de voir de futurs professeurs de sciences écouter avec une attention soutenue ces instructions sur un enseignement si différent de leur spécialité. Ils ne paraissaient point, non plus que tout à l'heure à la classe de français, avoir l'idée que cela n'était pas leur affaire, et qu'ils n'avaient rien là à apprendre pour leur métier. Ils semblaient, au contraire, penser que rien de ce qui touche au gymnase ne leur est étranger, et qu'un « scientifique » doit savoir ce que sont à côté de lui les enseignements littéraires, en particulier celui de l'histoire auquel on attribue un si grand rôle dans l'éducation des élèves.

C'est là, je le répète, un des traits les plus caractéristiques des séminaires, et dont l'impression est la plus vive pour un Français. C'est qu'avant d'entrer en fonction chaque jeune professeur non seulement apprend par la pratique sa fonction propre, mais connaît par la théorie et par l'exemple celle des autres. Scientifique, il sait ce qu'on enseigne en grammaire ou en histoire; littéraire, il sait ce qu'on enseigne en physique ou en sciences naturelles, et comment. Il est donc à peu près certain que les professeurs ne resteront pas étrangers les uns aux autres, ni à l'intérêt général où doivent se concilier, par de réciproques concessions, les droits de chaque spécialité d'enseignement. Et le directeur, qui enseigne lui aussi, n'est enfermé ni dans la pure administration ni dans son enseignement. S'il a la charge de veiller à l'application des programmes, il est capable de les expliquer; s'il a le droit et le devoir d'apprécier les professeurs, ses collègues, il est capable de juger un enseignement différent du sien et de donner à chacun un bon conseil.

FRANCFORT-SUR-LE-MAIN

SÉMINAIRE DE LA KLINGEROBERREALSCHULE

Tels sont du moins les directeurs des séminaires que j'ai visités à Berlin. Tel est encore M. Paul Bode qui dirige à Francfort la Klingeroberrealschule[1] et qui, pro-esseur de physique, explique fort bien à ses sémina-ristes le programme de l'enseignement de l'allemand. Directeur très actif, pédagogue et professeur émérite, il est très ouvert aux idées nouvelles, très prudent aussi, très accueillant enfin. Il est venu récemment en France ; il a suivi les cours de vacances de Grenoble et compte y revenir. Il n'a que depuis cette année un séminaire à diriger ; voici comment il comprend sa tâche. Il y a ici cinq séminaristes dont deux sont arrivés tout récemment. Le premier trimestre (l'année com-mence à Pâques) est consacré à la théorie et à l'obser-vation ; il ne comporte ni exercices pratiques ni leçons d'essai. C'est le règlement ; nous avons vu que l'applica-

---

[1] Il y a à Francfort un autre séminaire. Il est installé au Gœ-thegymnasium et dirigé par M. Reinhardt, qui a une grande au-torité et réputation de pédagogue et d'administrateur. À mon très vif regret, je n'ai pas rencontré M. Reinhardt et n'ai pu attendre son retour. J'ai eu le plaisir d'être reçu pourtant au Gœ-thegymnasium, d'assister à des classes fort intéressantes, de causer avec des professeurs, en particulier avec M. Schwemer qui est chargé du séminaire. Mais les exercices et les séances du séminaire étaient suspendus en l'absence du directeur.

tion n'en est pas partout rigoureuse. Chaque semaine le directeur établit le programme du travail. Il le dresse méthodiquement, et de telle sorte que chaque candidat : 1° d'une part assiste pendant toute une semaine à des classes d'une même division (inférieure, puis moyenne, puis supérieure) ; 2° d'autre part suive, pendant une semaine aussi, un même enseignement (allemand, français, mathématiques, etc.), à tous les degrés. C'est évidemment un bon moyen pour donner une idée aussi exacte et aussi complète que possible de l'enseignement.

Quant aux séances, elles sont consacrées à des leçons et conférences de pédagogie qui portent sur les sujets les plus variés ; dans la liste de ceux qui ont été déjà traités, je relève les suivants : *Ratich; l'humanisme avant, après la Réforme ; le développement de l'école protestante; l'école catholique; Coménius*, etc. Aujourd'hui c'est de l'enseignement de l'allemand qu'il est question. Le directeur commente le programme[1]. Il en signale les innovations, notamment la place faite en VI et V à des lectures scientifiques ou du moins portant sur l'histoire naturelle ou la géographie ; en VI à des lectures concernant l'histoire grecque et l'histoire romaine que l'on enseigne dans cette classe. Pour les exercices de composition, on commence un an plus tôt que dans l'ancien programme (III^b au lieu de III^a) à demander aux élèves la rédaction d'une lettre. En III^b on commence à parler de la personnalité des

____
[1] Voir *Lehrpläne und Lehraufgaben für die höheren Schulen in Preussen*, 1901.

poëtes qu'on étudie ; en III^a on a introduit les poésies patriotiques. Tout est changé en II^b : on avait au programme Gœthe, Lessing ; maintenant Schiller seul est nommé, et on étudie ici *la Cloche* qui venait autrefois en III — avec plus de raison pense l'un des candidats, qui engage à ce propos une courte discussion avec le directeur. A partir de II^a le programme, moins strict que l'ancien, laisse une assez grande liberté au professeur ; à la fin il admet ou plutôt recommande, pour les morceaux de prose, des lectures philosophiques.

Après le programme la méthode, toujours suivant les instructions officielles. L'enseignement de l'allemand doit être surtout éducatif. Dans les classes inférieures on pourra se servir des images ou tableaux intuitifs (Anschauungsmittel). Mais il faut prendre garde, ajoute M. Bode ; l'imagination de l'enfant risque d'être gênée par ces tableaux trop déterminés qui rétrécissent le champ de l'esprit. Peut-être faut-il attribuer, au moins en partie, à la liberté qu'on laisse à l'imagination des jeunes Français cette remarquable aisance de parole dont l'étranger est frappé ; peut-être aussi les difficultés de la langue allemande sont-elles pour quelque chose dans l'infériorité des jeunes Allemands à ce point de vue.

Pour les lectures empruntées à des ouvrages dramatiques, il faut toujours rattacher avec soin les morceaux les uns aux autres, et montrer aux élèves l'enchaînement de l'action. A ce propos, un des candidats pose, je n'ose pas dire malicieusement, cette question : Faut-il recommander aux élèves d'aller au théâtre ? —

Sans doute, répond le directeur, il est souhaitable que les élèves entendent et voient jouer *Guillaume Tell*; mais on ne saurait recommander à tous, purement et simplement, d'aller au théâtre, au risque de les envoyer à des pièces que les adultes seuls peuvent comprendre comme celles de Sudermann. Le théâtre, qui est cher du reste, n'est pas sans danger pour des enfants et des adolescents. Il ne peut être recommandé qu'aux grands élèves, et à la condition de choisir. Qu'ils aillent entendre *Jeanne d'Arc, Minna von Barnhelm*, cela est fort bien. Encore faudra-t-il qu'ils aient lu ces pièces à l'avance, et qu'ils n'aillent pas au théâtre trop souvent, ni plusieurs fois de suite; il importe que d'une fois à l'autre leurs impressions aient le temps de se fixer et de se classer. Un autre candidat signale ce fait qu'à Cassel on a abaissé le prix du théâtre à 20 pfennig pour les élèves du gymnase, à la condition qu'ils présentent une autorisation de l'*ordinarius* ou professeur principal de la classe. Que faut-il penser, demande un troisième, de ces lectures de pièces de théâtre où les rôles sont distribués à différents élèves? — Cette pratique est bonne, mais il faut que le même rôle ne soit pas toujours confié au même élève.

Le directeur reprend maintenant le commentaire du programme pour insister, au point de vue historique, sur quelques points intéressants, et comparer les programmes antérieurs, depuis 1859, avec le nouveau. De mon temps, dit-il, on lisait beaucoup chez soi, et en classe on s'occupait beaucoup plus d'histoire de la littérature. Cette histoire tient infiniment moins de place aujourd'hui; elle ne doit plus être l'objet de leçons spéciales. On a réduit aussi ou supprimé la grammaire du moyen haut allemand que l'on prodiguait en II[b]; c'était du temps perdu. En 1892 on fait étudier les Niebelungen dans le texte; en 1901 on admet des traductions, et, à vrai dire, l'utilité du texte dépend du maître, qui peut être plus ou moins familier avec le moyen haut allemand.

Deux mots en passant — toujours à propos de l'enseignement de l'allemand — sur des leçons ou exposés oraux (Vorträge) faits par les élèves. On ne doit pas leur demander ni conseiller de les écrire mot à mot pour les apprendre par cœur; il importe qu'ils n'écrivent qu'un plan et un sommaire. Et le directeur signale de nouveau le talent des élèves français des classes supérieures qui parlent couramment et avec aisance. Mais sur cette préparation des Vorträge les avis sont partagés, et une discussion s'engage assez animée, plusieurs candidats tenant pour la préparation écrite à la maison, au moins au début. Le directeur conclut en insistant sur son idée, d'accord avec les instructions officielles. On n'exige plus que ces leçons soient écrites; avec raison, mais il faut aller plus loin, et interdire de les écrire, même au début; car, une fois qu'on a pris cette mauvaise habitude on ne peut plus la perdre.

C'est encore à l'enseignement de l'allemand que se rattache la philosophie propédeutique, c'est-à-dire tout élémentaire qui a ainsi, accessoirement, une petite place dans les gymnases. Le directeur compare aussi sur ce point les programmes successifs des quarante dernières années. Nous avions, ajoute-t-il, un livre de logique que nous appren'ons par cœur, ce qui était tout à fait absurde. En 1882 la philosophie devient purement facultative. En 1901 on lui rend une assez grande importance ; car, non seulement l'enseignement de l'allemand, mais d'autres encore, tous ceux des sciences, ceux même des langues étrangères doivent servir à l'introduction à la philosophie. C'est une très heureuse innovation.

On remarquera peut-être que le directeur, en une telle leçon, semble se borner à commenter le programme et ses instructions en y ajoutant des souvenirs empruntés à sa vie d'écolier ou à sa carrière. Ce ne serait qu'à moitié juste, car dans cette analyse sommaire disparaissent beaucoup des détails du développement ou de la discussion. Mais ce commentaire lui-même ainsi présenté, expliqué et discuté, et sur chaque partie du programme, exige une grande compétence, une idée réfléchie sur l'ensemble des programmes, et le sens des dernières réformes, la connaissance de l'histoire de l'enseignement, tout une pédagogie enfin qui fait la valeur professionnelle d'un bon directeur. Et un directeur de séminaire ne saurait suffire à son enseignement pédagogique avec quelques remarques sur un nouveau programme et quelques souvenirs personnels. Il lui faut — comme l'a fait au cours de sa leçon M. Bode, et comme il le fera incidemment après la séance à propos de Herbart et des « degrés formels », — répondre aux questions les plus diverses.

Il ne le peut qu'avec une véritable science pédagogique. Quant aux candidats, je les ai trouvés, ici encore, attentifs, désireux de se renseigner, prenant au sérieux non seulement ce qui concerne leur spécialité, mais toutes les questions et difficultés professionnelles.

SÉMINAIRE DE GŒTTINGEN

J'étais curieux de visiter le séminaire de Gœttingen qui a une origine et une physionomie spéciales. En effet, c'est un ancien séminaire, qui fut d'abord une institution d'initiative privée ; c'est Ranke qui le fonda en 1838[1]. Aujourd'hui il comprend encore : une section théorique qui appartient à l'Université et qui est comme un séminaire d'étudiants en pédagogie ; une section pratique qui appartient au gymnase. Ici, en principe, les jeunes gens reçoivent un petit traitement ou *stipendium*, et doivent quelques heures de service par semaine. Par suite de circonstances spéciales, surtout en raison de la fête d'été, je n'ai pu assister ni à une séance ni à une classe. Mais le directeur M. Viertel a bien voulu me dire, dans une intéressante conversation, comment il entend l'organisation du travail des séminaires. M. Viertel est un helléniste distingué, passionné pour les grands classiques grecs, et qui trouve dans Platon et Aristote tout ce qui est utile à la culture de l'esprit et à la pédagogie même. Sa parole sérieuse, un peu froide en sa parfaite courtoisie, s'anime et

[1] Voir Fries. *Die Vorbildung der Lehrer für das Lehramt.*

s'accentue sur les questions qui lui sont chères. On y sent la fermeté de convictions qui ne doivent rien céder à la mode et à l'entraînement du jour. Homme de tradition, il semble pourtant hostile à toute pédagogie trop dogmatique et systématique, et veut qu'on soit très libéral dans la direction des jeunes maîtres.

L'organisation du séminaire est la même qu'en Prusse[1], mais la méthode est autre, et moins rigoureuse. Il y a ici sept ou huit candidats qui doivent être tous les jours au gymnase. Ils entendent des leçons ; ils en font eux-mêmes, en moyenne quatre par semaine ou un peu plus. Le directeur assiste aux leçons d'essai. La séance a lieu le mardi et comporte : 1° la critique de ces leçons ; 2° des comptes rendus de lectures, prises surtout dans Oscar Jœger ou dans Münch, sur l'enseignement dans les différentes classes ; 3° des exposés ou leçons de pédagogie. Les procès-verbaux ne circulent pas, comme en Prusse, de séminaire en séminaire. Les candidats se critiquent les uns les autres, avec une vivacité qui n'est pas toujours bienveillante et qu'il faut surveiller. Mais le directeur n'exprime à la séance que des observations générales ; il réserve les critiques personnelles pour les entretiens particuliers qu'il a avec chaque candidat. C'est une précaution dont l'intention est intéressante, mais que je n'ai rencontrée dans aucun autre séminaire. M. Viertel est d'avis qu'il faut laisser aux débutants une assez grande liberté, afin que chacun ait le loisir

[1] Nous sommes ici dans la province de Hanovre.

de trouver sa méthode et de la fixer par des tâtonne-
ments, par la pratique personnelle. On ne doit donc ni
leur donner trop de travail, ni leur imposer une doctrine ; ce qu'il faut avant tout, c'est leur donner de
bons exemples. Il est difficile de ne pas voir dans ces
idées une critique de la méthode et du rigorisme prussiens ; mais le principe de l'institution des séminaires
reste incontesté. M. Viertel estime que cette année de
séminaire est pour les jeunes maîtres l'épreuve la plus
utile et la mieux organisée ; si besoin est, c'est l'année
de stage, *Probejahr*, qui devra être supprimée ou rac-
courcie. En tous cas, il voudrait que les débutants
accomplissent ce stage dans le gymnase même du
séminaire.

TÉMOIGNAGES ET CONCLUSION SUR LA PRUSSE

Ces exemples suffisent à montrer combien, en Prusse
même, sous la loi d'un même règlement, le travail des
séminaires comporte de diversité dans la pratique, et
quelle part y est laissée à l'initiative des directeurs. On
n'exige pas l'uniformité, ni pour le programme de
l'enseignement pédagogique, ni pour la répartition
des exercices, ni pour la période où commencent les
leçons d'essai. Et cela pour deux raisons, dont l'une
est que l'organisation des séminaires de gymnase, bien
qu'elle date de dix ans est encore « en expérimenta-
tion ». L'autre est que, les hommes une fois choisis et
responsables, on veut, pour le bien même de l'État,

les laisser libres de donner la mesure de leur valeur personnelle.

C'est ce que confirment les témoignages que j'ai recueillis ; ils viennent ici naturellement à leur place ; je résume les plus importants avant de quitter les séminaires prussiens. Il faut donner une importance particulière à celui de M. Münch, à qui je dois beaucoup [1], et qui a sur les choses de l'enseignement secondaire en Prusse, une haute compétence. Esprit de grande distinction, ancien directeur de gymnase, il a été appelé à Berlin pour occuper à l'Université une chaire nouvelle, et spécialement créée, de pédagogie ; il est en même temps conseiller secret (*Geheimregierungsrat*) et président de la commission d'examen des candidats au professorat ; enfin ses avis sont, assure-t-on, particulièrement écoutés au ministère. Il me répète, après me l'avoir écrit, que l'on a tort de considérer la Prusse comme un pays de centralisation, de réglementation à outrance, qu'on y est au contraire très préoccupé de mettre en valeur les personnes que l'on reconnaît distinguées en leur donnant beaucoup de liberté. « Autant de directeurs, autant de systèmes ou d'habitudes. » Et il me cite l'exemple — auquel il pourrait joindre le sien propre — du remarquable pédagogue Oscar Jæger qu'on a laissé entièrement libre dans la direction de son gymnase. On a voulu choisir

---

[1] Je dois beaucoup aussi à mon collègue et ami M. le Professeur Imelmann du Joachimsthalgymnasium, qui m'a présenté à M. Münch et m'a aidé dans mes recherches avec autant de bonne grâce que de dévouement.

des hommes pour leur confier les séminaires. Si, en raison du nombre de séminaires nécessaires au recrutement, on n'a pas trouvé tout de suite autant de directeurs excellents qu'il en fallait, du moins on a gardé toute liberté de transporter un séminaire d'un gymnase dans un autre pour le donner à un nouveau directeur. Il peut même arriver, comme dans les anciens séminaires, que le directeur du séminaire ne soit pas ou ne soit plus celui du gymnase, et soit, par exemple, l'inspecteur provincial; mais cela ne va pas sans inconvénients.

M. Münch, qui est un partisan des idées nouvelles, un initiateur pour mieux dire, critique très vivement — en reconnaissant leur mérite scientifique, — l'obstination des « vieux philologues », directeurs ou professeurs, qui résistent au mouvement pédagogique. La pédagogie est nécessaire, non seulement comme étude théorique et d'Université, mais comme étude pratique, aux professeurs d'enseignement secondaire. C'est de ce côté que M. Münch oriente son enseignement à l'Université de Berlin, où du reste la pédagogie est si brillamment représentée (on sait que le professeur Paulsen enseigne à Berlin). Il y attire un nombre chaque année plus grand d'étudiants et de futurs professeurs. Il n'avait d'abord que quelques instituteurs; maintenant il a de 150 à 200 auditeurs à son cours public, et plus de 40 étudiants suivent sa conférence fermée (Colloquium) où l'on étudie, dans une sorte de conversation familière mais méthodique, des questions de pédagogie pratique.

Si pour le moment le recrutement est difficile, si l'on a dû appeler tout de suite en fonctions un certain nombre de candidats et supprimer quelques séminaires, cela ne compromet en rien l'institution elle-même. On reste très attaché au principe, et satisfait des résultats. Et si cette crise — toute passagère, disent quelques-uns — continue, on en viendra plutôt à supprimer le stage du *Probejahr* que l'année de séminaire, ou à faire compter le second semestre de séminaire comme un stage. En réalité c'est, tôt ou tard, le probejahr qui semble appelé à disparaître. C'est un sentiment assez général, et c'est, en particulier celui de M. Wellmann, directeur du Königstädtisches Gymnasium de Berlin, dont l'avis est fort autorisé; c'est celui de M. Walter, directeur de la Musterschule de Francfort, dont on sait le zèle réformiste et la prodigieuse activité. « Les directeurs, me dit-il, ont déjà constaté les heureux effets du régime des séminaires. Les jeunes professeurs arrivent mieux préparés. Si quelques collègues sont gênés ou importunés de voir les candidats assister à leurs classes avec le directeur, c'est un mince inconvénient et qui a ses avantages. Car il faut que chacun s'habitue à être toujours prêt à recevoir quelqu'un dans sa classe; c'est un moyen de plus de tenir tout le monde en haleine. La difficulté est toujours de bâtir sur le passé et pour l'avenir, de garder ce que le passé nous laisse de meilleur sans sacrifier l'avenir, sans surcharger le présent. Mais, au point de vue pédagogique, il est évident que les jeunes maîtres doivent pouvoir profiter de l'expérience du passé, et que le bénéfice des efforts antérieurs ne doit pas rester réservé à ceux qui l'ont acquis. »

M. Dörr qui dirige, à Francfort aussi, la Liebig Realschule, et qui est un esprit fort original et pénétrant, est moins optimiste. Il constate, lui aussi, que depuis quelques années les débutants sont mieux préparés ; mais il voudrait mieux encore, et conçoit avec M. de Sallwürk[1] d'une façon plus large l'organisation des séminaires. Actuellement, me dit-il, les directeurs des gymnases n'ont pas assez de temps, et presque jamais assez de science pédagogique pour diriger en même temps un séminaire. C'est une grosse charge dont on fait un supplément, une annexe, comme si elle ne devait pas suffire à occuper un homme ; or, on se contente d'alléger le service des directeurs de trois heures d'enseignement, qu'ils n'abandonnent même pas toujours. De même pour les professeurs qu'on leur donne comme assistants. De plus, ni les uns ni les autres n'ont, en général, la science pédagogique qu'il faudrait. Ils ont quelques souvenirs plus ou moins vagues ; ils prennent un manuel et le découpent pour leurs leçons. Je lui objecte que j'ai vu tout autre chose, et que ni directeurs ni professeurs ne m'ont paru incompétents, même quand ils s'en tenaient au commentaire des programmes. Vous avez vu, me répond-il, quelques directeurs excellents, et il y en a de tels ailleurs encore. Mais il y en a d'autres, et plus nombreux, entre les mains de qui l'institution est médiocre faute de science. Il faudrait

[1] Voir ci-dessous, p. 73.

rapprocher plus étroitement la science et la pratique, en prenant au besoin plus d'un an pour cette préparation professionnelle. Il faudrait que ces séminaires fussent tous placés dans des gymnases voisins d'Universités, et que le professeur ou un professeur de pédagogie de l'Université eût comme la haute direction de tout ce travail. On constituerait un conseil où entreraient le directeur du gymnase avec trois ou quatre professeurs spécialement distingués, et où le professeur de l'Université aurait une place prépondérante. Autrement, on risquera toujours de tomber dans la routine, car la pratique pure, si elle est détachée de la théorie ou si elle n'est pas au courant de la science, c'est de la routine.

M. Dörr reconnaît du reste que l'institution vaut en fait ce que valent les hommes, et qu'entre les mains d'hommes comme M. Reinhardt ou d'autres semblables elle ne peut qu'être utile. Mais l'avenir réclamera, au lieu de cette séparation des études théoriques et des études pratiques qui se succèdent sans se pénétrer, une action simultanée et combinée, une collaboration du gymnase où entrerait le professeur de la faculté, et de l'Université où l'on confierait un enseignement au directeur du gymnase[1].

Voici enfin un témoignage de candidat, aujourd'hui professeur, M. le Dr W. Je le donne, en l'en remerciant,

---

[1] Rapprocher cette idée intéressante d'une proposition toute semblable que formule M. Dumesnil dans son livre : *Pour la pédagogie.* Cf. l'article du Dr Czengeri dans *Revue internationale de l'Enseignement supérieur,* 15 octobre 1901.

tel qu'il a bien voulu me l'envoyer; je me borne à le traduire :

« La valeur d'un séminaire dépend de celle du directeur. J'ai eu l'avantage de passer par un excellent séminaire, où l'on était tenu très serré. Nous avons été initiés à toutes les parties du service par le directeur avec beaucoup de zèle et de rigueur (Härte). Nous devions faire des études théoriques considérables, et, dans les leçons d'essai, donner toute notre mesure. Maintenant que je suis dans le service, je sens que ce fut pour moi une bénédiction (Segen) d'avoir passé par une si dure école ; car ce que nous avons dû faire et apprendre alors me profite à présent. Mon service me sera beaucoup plus facile, et je n'ai plus besoin de m'occuper des choses élémentaires de l'éducation, à quoi sont obligés des collègues qui n'ont pas eu une aussi bonne préparation. Ceux qui ont accompli avec moi leur année de séminaire au même gymnase sont exactement du même avis.

J'ai ici des amis qui n'ont pas été à une école aussi sévère. Le directeur ne s'est pas donné grand'peine pour eux, et ils avaient beaucoup de loisir. Ils ont aujourd'hui d'autant plus à travailler. L'un d'eux me disait récemment qu'il était en train d'apprendre seul, au cours de l'année, ces éléments que nous avons appris au séminaire. Tous regrettent d'avoir été si peu entraînés à leur séminaire ; leurs progrès sont bien plus lents aujourd'hui.

Pour ce qui concerne les rapports des candidats avec le directeur, il sont agréables ou non, suivant le directeur. Le nôtre avait une tendance à nous tenir en étroite tutelle. Et cela ne nous plaisait guère, car nous étions de grands jeunes gens. Nous aurions tous voulu un peu plus de liberté. A vrai dire, cette dépendance nous fut profitable ; nous aurions pourtant mieux aimé être libres. »

SÉMINAIRE DE HALLE
(Franckesche Stiftungen.)

Bien qu'il soit en Prusse (dans la province de Saxe), le séminaire de Halle n'a pas la même organisation que les précédents, car il appartient aux *fondations Francke*. La préparation des maîtres fut une des pensées dominantes de Francke quand il institua, il y a deux siècles, son Pædagogium. Je n'en puis raconter ici l'histoire et les transformations[1]. Je rappelle seulement que l'ancien *Seminarium præceptorum*, comme tous les établissements Francke eux-mêmes, trouve place sans perdre son autonomie dans les cadres prussiens. Il fut renouvelé en 1880 par le directeur Frick, dont l'action et l'exemple eurent un grand rôle dans la création des nouveaux séminaires prussiens. Aussi, en le rattachant à l'organisation nouvelle, on y autorisa plus d'une dérogation au règlement. On laissa subsister surtout l'obligation pour les candidats d'y passer deux années, dont la seconde compte comme probejahr. Il faut ajouter qu'ils sont rémunérés, au moins la seconde année, sur une vieille fondation, qu'ils peuvent être

----

[1] Voir Fries. *Die Vorbildung der Lehrer für das Lehramt.*

logés s'ils le désirent, et même faire un service payé à l'internat (Alumnat). Le directeur des Fondations es t aussi le directeur du séminaire, mais il en partage la fonction avec les directeurs des deux écoles secondaires (une école latine et un Realgymnasium). Actuellement c'est M. Fries, homme de grande valeur qui enseigne en même temps la pédagogie à l'Université. Il a étudié dans un excellent ouvrage l'historique et l'état actuel de la question des séminaires ; il en a défini le rôle, tel qu'il l'entend.

Il importe donc de connaître non seulement les établissements Francke, que visitent trop peu de Français, me dit M. Fries dont l'accueil est fort gracieux, mais encore le séminaire. J'ai assisté d'abord, avant la séance, à une classe faite par un des « séminaristes », le Dʳ R... remplaçant depuis quelque temps déjà un professeur de français en Quarta : classe fort bien faite et qui n'était point d'un débutant, car il maniait avec beaucoup de vivacité et de sûreté la méthode directe. Sans ombre de désordre ou de distraction, ses cinquante élèves étaient tenus en action et entraînés dans un mouvement endiablé dont l'allure accélérée offre toutefois pour nous quelque chose d'un peu saccadé ; les réponses doivent voler, comme on le veut en Prusse, sans hésitation, sans réflexion non plus.

Le séminaire ne compte pour le moment que huit candidats, au lieu de douze qui est le chiffre normal (six pour chaque année) ; les autres sont occupés à des suppléances. Il y a ici à la fois des littéraires et des scientifiques ; ceux qu'on me présente sont des mathématiciens, des historiens, des futurs professeurs de langues vivantes. Le programme de la séance est assez varié. L'allure en est plus libre que dans les gymnases prussiens que j'ai visités ; c'est celle d'une conversation conduite par le directeur, qui y met beaucoup d'aménité et de bonne grâce, et à qui tout le monde ici témoigne une affectueuse déférence. Un candidat pose une question sur la didactique ou méthode d'enseignement de l'allemand : Comment faut-il distribuer son temps ? quelle place faut-il faire à la grammaire ? aux exemples ? Il expose les difficultés qu'il a rencontrées dans la pratique. Chacun apporte le résultat de sa propre expérience, ajoute ses réflexions, ses propositions. Le directeur y mêle les siennes, et se charge de conclure en indiquant rapidement le plan d'une leçon.

Vient ensuite un compte rendu ou rapport présenté par un candidat sur la « technique de l'enseignement », c'est-à-dire sur les procédés généraux du métier : attitude, parole, interrogation, etc. Il résume, avec le livre sous les yeux, un chapitre d'un traité pédagogique de Schiller qui est ici un livre de fond et qui fait autorité. Chemin faisant, l'une des idées proposées provoque une question, une observation, une objection d'un candidat, un commentaire du directeur ; le rapport reprend ensuite. Par exemple, M. Fries insiste, à propos de l'interrogation, sur la nécessité de ne pas interrompre à chaque instant l'élève pour une faute insignifiante, sur le temps qu'il convient d'attendre une réponse, sur les réponses collectives et sur le *Chor* (réponse en chœur).

Maintenant, c'est un candidat qui demande conseil sur le plan d'une leçon de géographie, et qui montre en faisant passer des exemples sous nos yeux, les résultats qu'il a obtenus pour les cartes ou croquis et dessins d'élèves. Puis, c'est un autre compte rendu de lecture pédagogique fait dans le recueil *Lehrproben und Lehrgänge* (année 1884, article de Frick). Il s'agit des récits, de l'art de raconter en classe, de son importance et de ses avantages, de la méthode qu'il faut y mettre, du plan qu'il faut suivre pour apprendre à raconter. Le livre propose quelques plans comme modèles, et le rapporteur montre sur l'un de ces modèles l'application de la méthode de l'auteur.

Enfin, deux candidats rendent compte eux-mêmes de leurs dernières leçons d'essai. On voit que la critique de ces leçons est ici un peu autrement comprise que dans les séminaires prussiens[1]. L'un d'eux est un mathématicien qui raconte sa leçon avec beaucoup de concision et de netteté. M. Fries lui reproche, sur un

---

[1] Voici tout un plan minutieusement détaillé qui fixe la méthode à suivre dans la critique d'une leçon.

Gesichtspunkte für die Beurteilung von Probelektionen.

I. Auswahl und Anordnung des Stoffes.
    1. Stand die Menge des Lehrstoffes im richtigen Verhältniss zur gegebenen Zeit ?
    2. War der Stoff genügend gesichtet, gegliedert (in *Einheiten*) und richtig verteilt ?
    3. War die Disposition klar und auch durchsichtig ?
II. Art der Behandlung.
    1. Wurde eine planmässige und angemessene Reihenfolge der Lehrthätigkeiten befolgt ? nämlich :

ton toujours affable et amical, d'avoir conduit trop
lentement son exposé ; il lui conseille d'insister sur les
définitions, et ajoute sur la définition en mathématiques
quelques remarques appuyées de l'autorité d'un livre
technique. Il va sans dire qu'il se place ici surtout au

a) *Vorbereitung* des Neuen durch Anknüpfung an das Alte und Bekannte.	b) *Darbietung* oder Entwicklung des Neuen.	c) *Bearbeitung.* (Vertiefung. Begründung. Rückblick. Zusammenfassung.)	d) *Anwendung.* (Einübung. Einprägung)

2. Wurde anschaulich dargeboten, logisch entwickelt, syste-
matisch bearbeitet, sicher eingeübt und fest eingeprägt?

3. Wie stand es mit der Fragebildung, der Verwendung der
Frage (besonders der Konzentrationsfragen), und ihrer
gleichmässigen Verteilung an alle Schüler?

III. Lehrerpersönlichkeit.
Wie stand es mit der Haltung des Lehrers? war er im Unterricht frisch, anregend, lebendig? beherrschte er die Klasse
durch den Blick, Stärke und Wärme des Lehrtons? war
sein Sprechen ein korrektes, artikuliertes, deutliches, spar-
sames? sein Lesen ein mustergiltiges? war die Gesamthal-
tung eine würdige?

IV. Zucht (Disziplin).
Wusste der Lehrer stets die gesamte Klasse zu beschäfti-
gen? erhielt er die Aufmerksamkeit und Teilnahme der
Schüler im allgemeinen auf gleicher Höhe? verstand er die-
selbe durch zweckmässige äussere Mittel (Pausen, Veranlas-
sen zum Aufstehen, Sich-gerade-richten, Chorsprechen u.
dergl.) zu rechter Zeit wieder aufzufrischen? Hatte er Auge
und Ohr für die Fehler und Überschreitungen der Schüler,
oder, hat er manches gar nicht bemerkt, anderes nicht beach-
tet?

V. Gesamterfolg und Gesamteindruck der Lektion.
War ein deutlicher Gewinn derselben an den Schülern be-
merkbar? — Liess sie an dem Lehrer einen deutlichen Fort-
schritt, selbständiges Verständnis der im erteilten Winke und
sorgsame Beachtung derselben erkennen?

point de vue, qui doit être celui du professeur, du progrès des idées dans l'esprit des élèves.

L'autre candidat est ce jeune professeur de langues vivantes que nous avons entendu si bien enseigner le français en Quarta. Il rend compte d'une leçon d'anglais. Un de ses collègues le loue pour la vie et l'entrain dont il sait animer la classe, pour le parti qu'il sait tirer de l'emploi des images et du *Chor*. Mais, partisan moins radical de la méthode directe, il estime que la part de la grammaire est trop restreinte ; il souhaiterait tout de même un peu plus de calme dans la classe ; il conclut en donnant le plan de ce que serait, suivant lui, une leçon modèle. Tout ceci dans une conversation où l'auteur de la leçon discute, se défend, marque la place qu'il a faite à la grammaire. Le directeur y prend part et approuve, pour l'enseignement des langues vivantes tout au moins, cette animation de la classe ; mais il attache une grande importance à l'exercice de la lecture. Le maître doit lire d'abord, et bien, puis faire lire l'élève et obtenir qu'il lise bien, en exigeant au besoin qu'il recommence.

On se sépare après avoir fixé le programme du travail de la semaine et distribué les tâches ; leçons d'essai, lectures, rapports, etc.

Il est facile de reconnaître la physionomie originale de ce séminaire de Halle, qui tient à la fois au caractère, à l'organisation des Fondations Francke et à la personne du directeur. Ce qu'il y a ici de particulier, c'est d'abord la réunion d'un plus grand nombre de « séminaristes », littéraires et scientifiques ensemble, et qui restent deux ans ; deux ou trois de ceux que j'ai vus sont mariés, si je ne me trompe. C'est aussi l'étendue de la tâche du directeur et de sa compétence pédagogique ; non seulement ce directeur est un pédagogue éminent, homme de pratique autant que de théorie, mais il a étudié de près la question de la préparation professionnelle, les difficultés qu'elle soulève, les solutions qu'on a proposées ou adoptées, en Allemagne et à l'étranger. C'est enfin le caractère des relations, qui semblent le rapprocher plus qu'un autre des candidats. Les séances sont moins solennelles, moins sévères ; on y cause, avec ordre, mais familièrement ; chacun y vient librement exposer ses doutes ou son embarras, provoquer une discussion ou demander un conseil. La forme en est donc très libérale, mais la doctrine pédagogique ne me semble pas moins ferme qu'ailleurs, tant s'en faut, ni moins dogmatique et systématique.

GRAND-DUCHÉ DE SAXE-WEIMAR

IÉNA

J'ai dit que la nouvelle organisation prussienne des séminaires servait, bon gré, mal gré, de modèle ou d'exemple même aux pays les plus rebelles à l'influence prussienne, comme ceux du Sud. Elle s'impose plus directement et à plus forte raison aux petits états voisins qui ne peuvent se fermer chez soi ni se suffire, et qui sont obligés de faire cadrer leurs institutions scolaires avec celles de la Prusse afin de rendre les échanges possibles. C'est ainsi que le duché de Saxe-Weimar a dû constituer à Iéna son séminaire de gymnase de telle sorte que ses jeunes professeurs pussent au besoin se placer en Prusse. Il l'a fait au lendemain même de la réforme prussienne.

Ce séminaire garde pourtant, pour une part, son régime propre et son originalité. Il chômait au moment où je m'y suis présenté, pour diverses raisons, dont l'une était l'état de santé du directeur. Quoique souffrant, M. Richter a cependant bien voulu me recevoir et m'expliquer lui-même comment il entend et règle le travail du séminaire. Il a du reste résumé sa théorie

dans un article qui fait autorité[1]. Il ne laisse pas longtemps les candidats assister aux classes sans faire eux-
mêmes des leçons. Dès la troisième semaine il les met
à la pratique, d'abord dans la division inférieure, puis
dans la moyenne, enfin dans les classes supérieures,
afin qu'ils étudient de près, successivement, chaque
partie de l'enseignement, au lieu de se disperser et de
courir de classe en classe. Il leur demande de s'asso-
cier aussi étroitement que possible à la vie de la maison, d'entrer en relations familières avec les élèves, de
collaborer chacun à l'éducation de quelques enfants.
Les séances ont le même programme que celles que
nous connaissons. La pédagogie est enseignée suivant
les principes de Herbart libéralement appliqués.
M. Richter est lui-même libéral ; il estime que les
règlements ne font pas les vocations, et tient à laisser
aux candidats leur indépendance d'esprit, ou plutôt à les
aider à la conquérir. Il veut qu'ils aient le loisir et le
calme nécessaires à ce travail pédagogique. Souvent
on les surmène ; ils ne peuvent rien approfondir, ni
pénétrer l'esprit de l'enseignement, ni s'attacher aux
élèves et gagner leur confiance. Il ajoute sur les
séminaires en général — nous avons déjà rencontré cet avis — qu'il faudrait n'en avoir que de bons
au risque d'en avoir moins, et qu'il y en a trop en
Prusse. L'institution ne fonctionnerait bien que si
tous les professeurs étaient vraiment pédagogues ;
pour le moment, la majorité y est opposée parce qu'ils

----

[1] *Encyclopédie de Rein. Art. Gymnasialseminar.*

n'aiment pas à être dérangés dans leurs habitudes.

Je n'ai pas dit encore que ces séminaristes du gymnase doivent en même temps — c'est un trait essentiel — fréquenter les cours de pédagogie de l'Université, et prendre part aux exercices de l'école pratique du séminaire qui en dépend. On sait que Iéna est un centre, un foyer de vie pédagogique qu'anime le zèle de M. Rein, ardent disciple de Herbart, gardien, si j'ose dire, de l'orthodoxie[1]. Le séminaire qu'il dirige à l'Université réunit les candidats du gymnase à des maîtres, plus nombreux, d'enseignement primaire. C'est un véritable laboratoire pédagogique qui a un budget annuel de 8000 marks. Il a son installation à part, dans un bâtiment spécial, assez loin de l'Université du reste, avec sa bibliothèque très riche en périodiques, sa salle de travail, son musée, sa salle de leçons d'essai (*Prakticum*), spécialement et confortablement aménagée. Une école pratique lui est annexée, avec des jardins d'enfants (un jardin potager, un jardin de fleurs pour chacun), une salle de bains et de douches, etc..C'est une école surtout primaire ; elle a comme élèves des enfants indigents qui ne paient que 4 marks au lieu de 12 et reçoivent gratuitement toutes les fournitures. Les maîtres

[1] M. Rein est fort connu chez nous ; plusieurs de nos pédagogues, beaucoup de nos jeunes boursiers de l'enseignement primaire ont passé par Iéna pour le voir et l'entendre. Ils ont été comme moi-même, j'en suis sûr, vivement intéressés par son œuvre et ses idées, sinon gagnés à l'orthodoxie, très sensibles aussi au plaisir d'être reçu avec une telle courtoisie, renseigné avec tant d'empressement.

sont en même temps les collaborateurs de M. Rein.

J'assiste, avec quelques candidats, à une classe qui est une véritable expérience pédagogique. Il s'agit de savoir si l'on peut introduire à l'école primaire quelques leçons sur les prophètes d'Israël, dans quelle mesure elles seront comprises et comment on peut les rendre concrètes, sensibles, intuitives, suivant les principes de Herbart. Le maître qui s'est chargé de cette tentative a fait d'abord cette leçon devant les étudiants du séminaire, et on doit la discuter ce soir au Cercle pédagogique. Il a donc voulu en faire l'expérience au vrai, avec ou sur des enfants de sept ans ; car l'épreuve était artificielle avec un auditoire d'étudiants. Il se sert d'un petit livre d'histoire sainte qu'il explique pas à pas aux élèves, en les interrogeant avec beaucoup de douceur. Ces enfants, très dociles et qui semblent aimer leur maître, mettent de leur côté beaucoup de zèle à écouter et à répondre. Il me paraît malgré tout que l'objet de la leçon dépasse la portée moyenne de leur esprit.

Comme on le voit, ce qui est original ici, ce sont ces expériences de laboratoire — dont le principe est fort contestable. C'est aussi le parti pris — et le principe en est au contraire excellent — de faire connaître et pratiquer l'école primaire aux futurs professeurs de gymnase, et de rapprocher ainsi à l'Université, par la pédagogie, les trois degrés ou ordres de l'enseignement. Il y a là une pénétration réciproque dont l'intérêt pédagogique, sans parler d'autres avantages, est incontestable.

ROYAUME DE SAXE

LEIPZIG

Voici maintenant un autre régime, avec un autre tempérament pédagogique, si l'on peut s'exprimer ainsi. C'est celui de la Saxe, où le gymnase n'offre guère qu'une école ou même une classe d'application à un séminaire pratique d'Université. La direction est confiée pourtant à un directeur ou à un professeur de gymnase, mais il est à ce titre rattaché à l'Université, et les candidats sont ici des étudiants. Ceux-ci se destinent à l'enseignement, mais n'ont pas encore tous leurs titres scientifiques ; ils achèvent leurs études en même temps qu'ils commencent l'apprentissage professionnel. D'après le règlement, le séminaire comporte deux semestres ; en fait, les candidats y restent trois ou quatre semestres. Malgré tout, ils donnent moins de temps que leurs collègues de Prusse à ces études pratiques ; car elles ne sont ici que secondaires, accessoires, au lieu d'être le travail essentiel ou plutôt le seul travail de toute une année.

Ajoutez que ces étudiants ne sont nullement astreints à fréquenter le séminaire ; ils sont laissés libres ; et s'ils y viennent, surtout s'ils y restent et y sont assidus, cela tient pour une bonne part au zèle et au talent du directeur. Cette organisation existe à Leipzig depuis 1894. Pour commencer, on eut fort peu d'étudiants ; on en a davantage aujourd'hui. La section des langues vivantes que j'ai visitée seule en comptait trente-quatre l'an dernier, ce qui était trop ; elle en a de quinze à vingt cette année. Deux bourses (*Seminarstipendium*), l'une de 100 l'autre de 50 marks, sont attribuées à la fin du semestre aux deux candidats qui se sont le plus distingués.

Le séminaire de Leipzig est partagé en trois sections, qui ne sont pas même pour le moment réunies dans le même gymnase [1]. L'une, celle des langues anciennes, est au Thomas-Gymnasium, sous l'autorité du directeur du gymnase, qui est en même temps professeur — je veux dire l'un des professeurs — de pédagogie à l'Université, et reçoit pour cette fonction supplémentaire 1500 marks. Les deux autres sont au Königs-Albrechts-Gymnasium, une de sciences, l'autre de langues vivantes, confiées à deux professeurs dont chacun reçoit 600 marks. Chacun de ces trois directeurs organise assez librement le travail, et les cadres en sont moins arrêtés qu'en Prusse. Les leçons d'essai, suivies de critique, et les leçons modèles en sont l'essentiel. Des comptes rendus, des conférences ou exposés pédagogiques y peuvent trouver place, mais

[1] J'ai eu le vif regret de ne pouvoir étudier les trois sections, ni rendre visite au Directeur général du séminaire. Mais je tenais à assister à une séance, et j'ai dû consacrer tout le temps dont je disposais à celle de la section des langues vivantes.

sans rien de réglé. On ne tient pas de procès-verbal officiel des séances. Les candidats ne sont pas obligés de remettre à la fin de l'année un mémoire pédagogique.

Autre différence, et fort importante. Les leçons du séminaire ne se font pas dans une classe ordinaire, à la place d'une classe de professeur. Le séminaire a sa salle spéciale, grande comme une salle de cours ou de conférences ; il a aussi ses élèves, pris parmi ceux du gymnase, mais désignés pour constituer une classe à part, assez peu nombreux du reste, afin de faciliter la tâche du débutant. Comment ce régime s'accorde-t-il avec l'enseignement et la vie du gymnase ? N'y a-t-il pas là un trouble plus manifeste encore que dans les gymnases prussiens ? La solution est que ces leçons sont placées dans l'après-midi du mercredi, qui est une demi-journée de congé. Les élèves qu'on retient ou rappelle au gymnase pour ce service reçoivent — ou recevaient en principe — en échange quelques menues faveurs, et surtout de petits congés supplémentaires, à la veille des vacances par exemple. On prend soin d'ailleurs de ne pas choisir ceux qui demeurent trop loin du gymnase. Diverses classes fournissent à tour de rôle le contingent du séminaire.

Je ne parlerai que du séminaire des langues vivantes, dirigé par le professeur Martin Hartmann dont la compétence, l'esprit d'initiative, la merveilleuse activité sont connus de tous les professeurs allemands et de beaucoup de Français[1].

[1] M. Hartmann est venu souvent en France; il connaît notre langue comme un puriste; il a fait une enquête et publié un livre

C'est à une leçon de français que j'assiste dans la classe, ou plutôt devant une partie de la classe de III^a (20 élèves sur 32). L'étudiant qui en est chargé est allé dans la semaine en causer avec le professeur ; il a reçu ses conseils et ses directions. Il a d'ailleurs assisté déjà à plusieurs classes avant de parler lui-même devant les élèves. Il se tient debout dans la chaire. Les autres étudiants sont sur des chaises, le long d'un des côtés de la salle. Trois d'entre eux sont chargés de faire la critique, chacun des autres ayant, bien entendu, le droit de prendre la parole.

La leçon est faite suivant la méthode directe sur un texte d'A. Laurie. Elle témoigne d'une préparation consciencieuse, bien dirigée, mais d'une assez grande inexpérience (c'est un début), soit dans le maniement du français, soit dans la pratique de l'enseignement, en particulier de l'interrogation. C'est ce que vont relever, après le départ des élèves, les critiques, dont quelques-uns auraient eu peut-être plus d'assurance. Les trois que le professeur a désignés parlent les premiers. L'un reprend le plan de la leçon et l'apprécie, en s'attachant trop longuement à des détails, comme le fait remarquer le professeur. Le second insiste avec plus de pénétration sur des défauts plus graves. Il reproche à son camarade d'avoir réclamé des réponses trop promptes

sur notre enseignement secondaire ; il a organisé, avec beaucoup d'autres choses, les tournées de lectures et conférences en français, la correspondance scolaire internationale, etc. C'est un collègue extrêmement aimable et dévoué ; c'est pour moi, depuis longtemps, un ami, à qui je dois en particulier la première idée de cette étude.

(on l'en aurait félicité en Prusse où on réclame toujours un mouvement plus rapide : *rasch ! schnell !*) Il lui reproche surtout d'avoir trop souvent fait lui-même la réponse, au lieu de faire circuler la question ou de la poser autrement. De plus, il aurait fallu lire très bien, et que la lecture du maître offrît aux élèves un modèle ; il aurait fallu aussi parler et prononcer d'une façon irréprochable. Le critique signale, presque toujours fort à propos, d'assez nombreuses fautes de détail ; tout à l'heure il reprendra la parole pour ajouter que les élèves ne lui ont pas paru être assez intéressés par la leçon. Enfin le troisième remarque que son collègue a tantôt tutoyé les élèves, tantôt non, et s'est trop souvent servi des mêmes formules qui semblaient comme stéréotypées. Tout ceci est très juste, sinon complet.

Au cours de ces critiques, M. Hartmann est intervenu plus d'une fois pour les approuver, les compléter, ou rectifier un détail. « Il aurait fallu, a-t-il ajouté par exemple, vérifier en fait si les élèves avaient compris, au lieu de leur demander simplement : Avez-vous compris ? pour se contenter de leur silence. Même quand personne n'a compris, personne ne réclame. » Je note encore cette observation intéressante et fort juste : les étudiants auraient beaucoup de profit pour la pratique pédagogique à connaître l'enseignement primaire et à entrer dans des écoles.

M. Hartmann a aussi, chemin faisant, donné la parole à l'auteur de la leçon (Herr Practicant, dit-on ici), pour répondre aux critiques, en lui disant amicalement

qu'il n'est pas lui-même éloigné de leur donner raison.
Celui-ci convient de bonne grâce des fautes qu'il a pu
commettre. Il a fait son possible pour apprendre la
pratique du français ; il a passé un semestre à Lau-
sanne, suivi des cours de vacances à Marbourg, et
étudié la phonétique. Quant à l'attention des élèves,
elle ne lui a pas paru faiblir, malgré la chaleur qui
pourrait excuser bien des inadvertances ; et les enfants
se sont montrés dociles.

Dans cette conversation, familière mais dirigée,
divers étudiants prennent la parole, soit pour relever
des fautes, soit pour poser des questions, par exemple
celle des liaisons. Quand faut-il les faire ? Quand faut-
il s'abstenir ? C'est souvent un grand embarras, et ceux
qui sont venus en France n'ont pas trouvé la pratique
d'accord avec les règles, ni uniforme, même chez les
personnes les plus autorisées. « La question est déli-
cate, en effet, répond M. Hartmann ; en Allemagne, nous
sommes disposés à exagérer, en faisant systématique-
ment la liaison, comme si la règle était simple :
M. Dumesnil en a fait la remarque dans son livre sur
la Pédagogie dans l'Allemagne du Nord. Dans l'enseignement, il est bon sans doute de maintenir la règle,
pour le principe, surtout aux degrés inférieurs, avec
les commençants ; plus tard, quand les élèves parlent
couramment, il faut être moins rigoriste et savoir discerner. Il y a des liaisons très logiques et nécessaires,
comme celle de : nous avons ; il y en a d'autres aussi.
D'autre part, il faut distinguer entre le langage de l'enseignement qui doit être aussi soigné, aussi pur que

possible sans affectation, et celui de la conversation qui est plus libre. Cela n'est pas vrai seulement pour les liaisons, mais pour d'autres particularités du français ; par exemple, en causant on prononce souvent : *i sont venus.* » J'abrège, ne voulant que donner une idée du travail pédagogique, tout ce détail technique, que le professeur traite avec autant de finesse que d'érudition.

Il conclut enfin lui-même sur cette leçon qui est le premier essai du candidat, et pour laquelle on n'a donc pas le droit d'être sévère. Il le félicite du soin qu'il y a apporté, de la peine qu'il a prise, des connaissances dont il a fait preuve. Il lui montre aussi, en rappelant les critiques qu'elle a provoquées, ce qui reste à faire, surtout pour la pratique irréprochable du français ; un séjour, non seulement en pays de langue française, mais en France, est indispensable.

Le texte de la lecture était emprunté à un livre d'A. Laurie sur la vie de collège en France. M. Hartmann en prend occasion pour traiter, dans une causerie qui occupe la fin de la séance, la question du livre de lecture. On ne saurait déterminer d'une façon absolue, exclusive, le livre qui convient à telle ou telle classe ; il faut laisser une certaine latitude au professeur. On a critiqué l'emploi de ce volume de Laurie, dans la classe de Tertia, sous prétexte qu'il ruinerait l'autorité du maître. « A tort, suivant moi, dit M. Hartmann. L'ouvrage est vivant et intéressant, le ton moral est excellent (il lit la page 19) ; les traits plaisants qui concernent le professeur sont inoffensifs. Et nous apprenons ainsi quelque chose de la vie française, comme il convient dans l'enseignement du français. Sans doute, on a contesté ce droit aux professeurs de langues vivantes, au nom du grand principe herbartien de la concentration. On veut que l'enseignement du français ou de l'anglais gravite, comme tous les autres, autour d'un enseignement central, celui de l'allemand ou celui du latin. C'est ainsi que le règlement prussien recommande pour cette classe la lecture du livre de Boissier : *Cicéron et ses amis*, afin que le français serve à la connaissance du latin. L'idée n'est pas juste, ainsi poussée à l'outrance. Nous obligera-t-on, dans d'autres classes, au nom du même principe, à lire des livres vieillis ou ennuyeux que la tradition seule maintient sur les listes ? Ne doit-on pas nous laisser le droit d'exciter l'attention de nos élèves par des lectures irréprochables mais modernes, attrayantes autant qu'instructives, et d'assurer à notre enseignement le bénéfice de cette curiosité ? Pratiquons la concentration, quand elle s'offre naturellement ; n'en faussons pas l'idée par des artifices. »

Cette leçon, comme la séance tout entière, est suivie avec beaucoup d'intérêt par les étudiants, qui connaissent et qui aiment le professeur et l'homme. Il est certain qu'il est ici plus difficile qu'en Prusse d'organiser et de vivifier le travail du séminaire. Si le régime est plus libéral, s'il rapproche la pratique des études théoriques, le gymnase de l'Université, il est moins directement approprié au but, moins sûrement efficace peut-être : la vie du gymnase y tient trop peu de place.

Le directeur n'a pas affaire à des stagiaires dont ce stage est tout le travail de l'année et qui comptent dans son personnel, mais à des étudiants qui sont, comme à l'Université, libres de venir ou non, à leurs risques et périls. Il s'adresse à leur bon vouloir, et demande à tel ou tel d'entre eux de faire une leçon plutôt qu'il ne fixe à chacun sa tâche. Enfin ils sont trop nombreux peut-être pour que chacun s'y exerce assez souvent, même en passant plus de deux semestres au séminaire. Quoi qu'il en soit, on retrouve dans cette organisation et dans ces mœurs, non pas certes une tiédeur péda-gogique (la Saxe est un pays de pédagogues), mais le libéralisme que les Saxons aiment à opposer à la rai-deur prussienne. Sans prétendre que cette forme de séminaire soit irréprochable, en tendant peut-être à une organisation plus complète, on se déclare satisfait des résultats qui, là aussi, et plus qu'ailleurs peut-être, dépendent avant tout de la valeur des hommes.

GRAND-DUCHÉ DE BADE

KARLSRUHE

Dans le grand-duché de Bade, l'année de séminaire
est en même temps année de stage (probejahr). Il y a
trois séminaires, dont l'organisation n'est pas identique. Ceux de Heidelberg et de Fribourg sont confiés
à des directeurs d'établissements secondaires. Celui
de Karlsruhe est à la fois plus important et plus original. Les études théoriques et l'apprentissage professionnel y sont rapprochés ; mais ils ne sont pas dirigés
comme en Saxe par un professeur ou directeur de
gymnase rattaché à l'Université. C'est plutôt, inverse-
ment, un professeur d'enseignement supérieur qui
entre au gymnase ; plus exactement, le directeur du
séminaire exerce à la fois les fonctions de professeur
à la *Technische Hochschule,* de directeur au ministère,
ou d'inspecteur général ; et il préside la *Prüfung's
Kommission.* Ajoutez à cela qu'il est un théoricien et
un historien remarquable de la pédagogie ; il a écrit
sur nos pédagogues français en particulier (sans parler
d'une édition de Herbart) des études très pénétrantes ;
il a construit un plan de séminaire idéal. Tel est M. de

Sallwürk ; je n'ai pas dit encore que c'est un homme de beaucoup d'esprit, un discuteur redoutable, un collègue particulièrement accueillant et serviable.

Les candidats n'appartiennent pas tous ici à l'enseignement secondaire ; ce sont de futurs professeurs d'écoles moyennes, c'est-à-dire d'écoles primaires supérieures ou normales aussi bien que de gymnases. M. de Sallwürk se plaint que les étudiants sachent trop peu de pédagogie au sortir de l'Université, et que les instituteurs seuls soient curieux de pédagogie, et zélés pour assister à ses cours ou lui demander des entretiens dans ses tournées d'inspection. Tous les candidats, en effet, doivent suivre les cours du directeur à la Technische Hochschule : deux leçons théoriques par semaine et une leçon pratique qui porte sur un exercice scolaire récent (classe d'essai ou modèle, etc.). Je n'ai pu assister qu'à une leçon théorique, où le professeur a étudié le caractère essentiel de l'enseignement secondaire qui, selon lui, doit être classique, et le principe de la méthode qui doit être pour tous les enseignements celle des sciences naturelles (de l'intuition à l'induction).

Les candidats « secondaires » ont au gymnase de huit à dix heures de classe à faire. C'est dans cet enseignement que sont prises leurs leçons d'essai. Une leçon d'essai n'est donc pas détachée, extraordinaire, faite devant des élèves que le candidat ne connaît pas ou connaît mal, et qu'elle peut déranger. C'est une de ses leçons régulières. Seulement, il vient préalablement en causer avec le directeur du

séminaire, lui soumettre son plan, écouter ses conseils.

Le séminaire compte 14 ou 15 candidats; c'est beaucoup trop, selon M. de Sallwürk lui-même, qui reconnaît que le régime ne pourrait pas être généralisé. Ce
qu'il souhaiterait, s'il n'avait qu'à définir l'organisation
parfaite, c'est un séminaire d'État, une sorte d'institut
pédagogique. On y recevrait, après l'Université, des
candidats munis de leur diplôme d'État, et à côté d'eux
des instituteurs distingués. L'enseignement théorique
y comprendrait : la philosophie générale; l'histoire
scientifique de la civilisation, de l'éducation, de la
pédagogie; la psychologie; la pédagogie proprement
dite, et même l'hygiène et l'architecture scolaires. Pratiquement, chaque candidat apprendrait d'abord à
raconter, décrire, développer, interroger; puis il ferait
des leçons soumises à la critique de ses collègues et
du directeur. Le futur professeur de gymnase enseignerait d'abord à l'école primaire, et le futur institu-
teur dans des écoles secondaires; ce rapprochement,
cette pénétration est chose essentielle, comme aussi la
collaboration des plus distingués directeurs d'écoles à
la conduite des exercices pratiques du séminaire. Mais
ce n'est qu'un plan idéal, bien plutôt qu'un projet. Car
en pratique M. de Sallwürk estime que sans doute
tous les petits États finiront par imiter l'organisation
prussienne.

En attendant, il paraît incontestable que le séminaire
de Karlsruhe doit son originalité et sa valeur à la personnalité de M. de Sallwürk et à ses multiples fonc-

tions, que tous les directeurs ne pourraient pas assumer. Les candidats qui en sortent sont sans doute fort bien renseignés et préparés à leur profession. Mais, en principe, une année semble bien courte pour le travail qui leur est demandé, si l'on songe qu'ils sont chargés d'un véritable enseignement et peuvent avoir besoin de s'y consacrer tout entiers.

LA BAVIÈRE

L'organisation bavaroise est récente (1897). Elle imite d'assez près celle de la Prusse ; le séminaire est non seulement installé dans le gymnase, mais annexé au gymnase et sans attache avec l'Université ; les candidats y arrivent avec tous leurs titres scientifiques. Tous les pédagogues que j'ai entendus là-dessus sont d'accord, en particulier les directeurs des séminaires, le directeur de l'enseignement à Munich, M. Schaetz, et M. Müller, professeur de pédagogie à l'Université, qui a inspiré et préparé la réforme. Ils estiment que la culture scientifique appartient à l'Université, mais rien de plus, et que la culture pratique doit être organisée dans le gymnase, donnée par des praticiens. D'autre part, les trois Universités de Bavière ne sauraient suffire à l'éducation professionnelle de tous les nouveaux professeurs. Il reste vrai d'ailleurs que l'Université doit enseigner aux futurs professeurs la science pédagogique en vue de ses applications au gymnase, et en empruntant des exemples à l'enseignement secondaire.

Le nouveau régime n'est organisé jusqu'ici que pour la philologie ancienne et l'histoire ; mais on est très satisfait des résultats ; aussi a-t-on déjà créé trois nouveaux séminaires à côté des cinq du début, et se propose-t-on d'en étendre le bénéfice et l'obligation à tous les autres enseignements, d'abord aux mathématiques, puis aux langues vivantes. Le directeur et son assistant reçoivent un supplément de traitement Des bourses, en nombre limité, peuvent être accordées aux séminaristes.

MUNICH

Le premier séminaire institué à Munich [1] est celui du *Wilhelmsgymnasium*. Il est dirigé par M. le chevalier von Arnold qui est un homme de beaucoup d'autorité et d'expérience, de beaucoup de distinction aussi et d'une exquise aménité. Il est intéressant de noter que ce gymnase reçoit un certain nombre d'élèves de l'aristocratie, et spécialement les *pages* de la cour. Ceux-ci sont des enfants de familles nobles qui sont élevés à part, dans la pagerie (installée au Maximilianeum), mais qui sont instruits ici, ou du moins y viennent suivre les classes essentielles. Ils ont un costume militaire qui les distingue de leurs camarades, auxquels ils sont du reste mêlés dans la classe. La politesse des

---

[1] Il y a à Munich deux séminaires. L'un date de 1897 ; l'autre n'existe que depuis deux ans. Celui-ci est installé au *Maximiliansgymnasium* sous la direction de M. Wecklein ; sa séance avait lieu le même jour, à la même heure que celle de l'ancien séminaire où j'étais déjà engagé ; j'ai beaucoup regretté de n'y pouvoir assister.

élèves, qui ne manque dans aucun gymnase allemand, est ici particulièrement empressée à l'égard du visiteur étranger. Et on sent dans la tenue générale une irréprochable correction, avec une certaine gravité toute pénétrée de bienveillance. C'est ce qui m'a frappé dans les différentes classes auxquelles j'ai assisté, même en dehors de celles du séminaire, et surtout en écoutant en Huitième[1] une explication érudite et vivement menée des petites lettres de Cicéron, ou en Neuvième une explication d'Homère conduite par le directeur lui-même avec autant de finesse littéraire et psychologique que de méthode. C'est aussi le ton du séminaire, l'un des plus intéressants parmi ceux que j'ai visités. Voici ce que j'y ai entendu et observé[2].

C'est d'abord une leçon d'essai dans une classe d'histoire en Sixième. Le professeur de la classe y assiste avec le directeur, le professeur du séminaire et tous les candidats. Celui qui fait la leçon se tient debout à côté de la chaire. Il connaît les élèves et n'a

---

[1] On compte ici autrement qu'en Prusse et que chez nous; les numéros des classes suivent leur ordre chronologique.

[2] Je donne ici la liste des sujets de mémoires de fin d'année pour 1900-1901 :
— Die freien Vorträge im deutschen Unterricht.
— Zur Uebersetzung häufig vorkommender Homerischer Beiwörter (epitheta ornantia), deren einheitliche Wiedergabe im Deutschen erstrebt werden soll.
— Die Lüge, ihr Wesen und ihre pädagogische Behandlung.
— Die Einrichtung der Schülerbibliotheken in den unteren Klassen des Gymnasiums.
— Zur Lektüre Xenophons in Tertia.
— Zur Geschichte der Disciplinarsatzungen Bayerns.
— Die Stellung von Thiersch, Nägelsbach und Roth zu den Realien.

pas besoin de chercher leurs noms sur une liste; il se sert d'un manuel ou *Lesebuch* qu'ils ont aussi entre les mains. La classe est faite avec entrain, sur un ton d'autorité très décidé. Il met dans sa parole beaucoup de feu, avec l'accent du commandement et une allure un peu militaire qui ne va pas sans mouvements d'impatience; il articule nettement, mais parle trop haut. Il interroge vivement, et le plus d'élèves possible, du moins au début; il marque des notes pour les réponses. Il a donc de sérieuses qualités de professeur, avec une exubérance qui le fatigue, et qu'on lui reprochera.

Son programme est long; Scipion et les Gracques. Il a écrit d'avance au tableau la généalogie des Gracques, il se sert souvent de la carte murale. Il ne débite pas une leçon de cours, mais il explique méthodiquement le livre et sans cesser d'interroger. A la fin, un élève relit le chapitre; le professeur en donne à apprendre un morceau qui résume la leçon; il y détache quelques mots essentiels qu'il fait souligner et qu'il explique; mais l'heure le surprend avant qu'il ait achevé.

Nous voici, pour la séance, installés autour d'une grande table où chacun a son rang. Le candidat qui a fait la leçon doit prendre le premier la parole, pour en dire lui-même le premier les défauts. Il le fait franchement, en quelques mots; il se reproche d'avoir passé trop vite sur certains points, surtout d'avoir mal mesuré son temps. Puis c'est le tour de ses collègues, dont chacun parle sur les notes qu'il a prises pendant la leçon. La critique est vive, brièvement et nettement formulée, presque toujours juste. L'un aurait voulu que la vie romaine fût rapprochée de la vie actuelle de Munich, et qu'on montrât à propos des Gracques le rôle semblable du capital, des petits propriétaires, des paysans. — Il aurait fallu, dit un autre, interroger tous les élèves, ou la plupart ; le candidat s'est adressé trop souvent aux mêmes, et il ne les a pas assez obligés à répondre par phrases et à parler haut. (C'est un principe général dans l'enseignement allemand ; mais il n'est nulle part plus fermement appliqué. Le directeur y tient beaucoup ; les plus grands élèves doivent répéter ou compléter leur réponse, même comprise, si elle n'a pas été formulée en une phrase et prononcée à haute voix ; j'ai entendu dans une petite classe des enfants qui criaient de tous leurs poumons et chez qui, par précaution, on encourageait cette habitude.)

Les autres candidats s'attachent à des critiques scientifiques : *homo novus* a été mal défini, le rôle de Drusus mal présenté, les *quæstiones perpetuæ rerum repetundarum* mal expliquées, etc. Enfin le professeur ordinaire de la classe, plus sévère et avec plus d'autorité, relève assez vivement des fautes d'allemand ou de prononciation, des provincialismes. Pour le fond, il fallait détacher en relief, beaucoup plus qu'on ne l'a fait, la figure des Gracques, etc.

A toutes ces critiques le candidat, qui a pris des notes, est maintenant invité à répondre. Il reconnaît ses défauts ou erreurs de détail ; il se défend aussi sur certains points et surtout, pour toutes les lacunes qu'on lui reproche, répond qu'il ne pouvait faire tenir tant d'explications scientifiques dans le temps, déjà trop court, de la leçon.

C'est le tour de parole du professeur chargé du séminaire, M. Hoferer. Sa critique est plus complète, plus large, plus affable aussi, comme celle d'un maître. Dans l'attitude générale d'abord, il reproche des défauts graves. Le ton était trop haut, et trop uniforme, fatigant pour l'auditoire, fatigant aussi pour le candidat, qui doit ménager sa poitrine et sa gorge. D'autre part, celui-ci a négligé d'avertir des élèves qui ne se tenaient pas bien ; il n'a pas interrogé tout le monde ; il n'a ménagé ni intervalle, ni répit pour l'attention ; la classe a été tout le temps trop tendue. — Observations excellentes, et qui sont traduites avec toute la netteté, mais aussi toute la mesure qui convient, avec la bienveillance qui les tourne en bons conseils.

Et de même sur le fond de la leçon ; ses critiques disent bien les imperfections, et ce qu'il aurait fallu donner aux élèves. Il rappelle à son tour et sans rien négliger, les erreurs de détail au point de vue scientifique ; mais surtout il montre comment il aurait fallu rendre plus sensibles aux élèves les caractères de cette époque si importante de l'histoire romaine. Le candidat aurait dû rapprocher les problèmes sociaux de ceux de notre temps, non pas, comme l'a dit un de ses collègues, en comparant trop spécialement Rome et Munich, mais en dégageant les questions sociales qui se posent maintenant dans tous les pays civilisés comme elles se posaient à Rome ; et cela, bien entendu, avec un esprit tout objectif et scientifique.

Enfin, pour les procédés d'enseignement ou la « technique didactique », il lui reproche de n'avoir pas écrit au tableau en assez gros caractères les noms des personnages de la famille des Gracques, surtout de n'avoir pas nuancé le débit, et d'avoir donné à tout ce qu'il a dit la même importance en lançant tout sur la même note et au même diapason.

Mais ce qui donnait à ces critiques toute leur valeur, c'est le sentiment qui les animait et l'accent qui le traduisait. On y reconnaissait l'attitude d'un professeur émérite qui instruit un stagiaire, ou plutôt qui renseigne un jeune collègue. C'est vraiment ainsi que feraient chez nous, avec un égal talent et le même esprit, nos bons professeurs ; et je ne pouvais me défendre d'évoquer le souvenir de ceux que j'ai connus, et de me les représenter dans ce rôle, qui aurait été nouveau pour eux, mais qu'ils auraient si bien rempli.

J'en dirai autant pour la critique du directeur. Elle ne pouvait manquer d'être autorisée et judicieuse ; mais je l'attendais avec d'autant plus de curiosité qu'il semblait difficile de dire du nouveau ou de mieux dire les mêmes choses. Il y a réussi pourtant, et il a parlé‘ avec simplicité et bonne grâce, mais en directeur, et qui enseigne en même temps qu'il dirige. Il a rappelé d'abord ce principe général qu'une leçon doit comprendre deux parties. L'une est une interrogation sur la précédente, où les élèves doivent parler plus que le maître. L'autre est une leçon nouvelle où le maître ne doit pas se borner à réciter ou amplifier le livre, mais parler lui-même, en interrogeant encore toutefois et associant les élèves à l'enseignement, au lieu de faire une conférence ou un cours d'Université. Ce qui est particulier à l'Allemagne, c'est que la leçon du maître doit à la fois suivre le plan du livre que les élèves ont entre les mains et garder un caractère personnel.

Ceci dit — et que ma présence explique sans doute — il approuve la plupart des critiques précédentes, surtout celles du professeur, en ajoute de personnelles aussi. Par exemple, il aurait fallu donner plus de relief au caractère, à la personnalité des hommes dont on a parlé, surtout des Gracques. C'était un portrait qu'il fallait faire, non seulement avec le dessin mais aussi avec la couleur juste, de façon à intéresser l'imagination et le sentiment — sans outrance, bien entendu, mais avec la vivacité qui fixe des images. Il ne fallait pas craindre, on l'a dit, de parler des relations actuelles entre le capital et le travail ; avec mesure assurément devant ces adolescents, surtout avec calme, en se bornant à mettre en lumière les ressemblances qui font mieux comprendre l'antiquité. A propos de la monotonie de la leçon, il faut ajouter que le professeur ne doit pas, à la fin, faire lire tout le chapitre du livre ; c'est à lui de choisir l'essentiel, et il doit ici appuyer et là glisser, en rendant ces différences sensibles par les nuances du débit et de la voix. Le candidat a eu raison, pendant cette lecture du texte, de faire souligner les mots importants qui devront servir de jalons dans le travail à la maison ; il aurait dû faire de même dans son débit. Enfin, le directeur le loue du soin qu'il a mis à préparer sa leçon, de la conscience qu'il a mise à la faire, du savoir qu'il y a montré ; les observations qu'il vient d'entendre sont faites pour l'aider à acquérir les qualités qui lui manquent encore.

J'ai souhaité plus d'une fois, au cours de mon enquête, de voir assister à ces classes et à ces séances ceux de nos compatriotes qui sont le plus sceptiques sur l'utilité de cette direction pédagogique. Rien ne vaudrait cette leçon de choses pour vaincre les idées à priori et les préventions. Il était, en effet, manifeste ici que tous ces exercices étaient utiles. La classe n'était pas du temps perdu pour les élèves : ils suivaient avec attention, ils travaillaient ; ils y ont profité. La leçon avait été consciencieusement préparée ; si elle n'était pas parfaite, ce n'a pas été une leçon à refaire. L'épreuve a été fort utile au candidat qui l'a faite. Ses qualités s'y sont affirmées et fortifiées par l'action même ; il a reconnu aussi ce qui lui reste à acquérir. Après dix ou douze leçons et critiques semblables — sans compter les autres travaux du séminaire — il sera certainement plus avancé dans son métier qu'après avoir enseigné six mois sans direction, devant une classe livrée à son inexpérience. L'épreuve a été utile aussi aux autres candidats qui ont écouté sa leçon pour la juger comme le ferait un inspecteur, et qui l'ont entendu juger après eux avec plus d'autorité ; la prochaine leçon de chacun d'eux en sera meilleure. Enfin elle n'a pas été inutile au jeune professeur de la classe qui a, lui aussi, eu à comparer et à apprécier ; et ce n'est pas un paradoxe de dire que les deux directeurs sont eux-mêmes par de tels exercices sauvés de la routine.

Mais je reviens à la séance, dont le programme comportait en outre une leçon du directeur sur le professeur modèle (*Idealgymnasiallehrer*), leçon classique, où M. von Arnold met toute son expérience en même temps que sa doctrine et sa conviction de pédagogue, on le sent au ton de sa parole. Intéressante en elle-même et pour les candidats à qui elle s'adressait, elle ne l'est pas moins pour un étranger ; car elle résume le meilleur de l'enseignement d'un séminaire bavarois[1].

Tout d'abord le professeur, dit M. von Arnold, doit ménager et soigner sa santé, aussi bien pour l'école que pour lui-même. C'est une vraie faute que de la compromettre par des excès, des imprudences, ou même une insuffisante hygiène. Le professeur robuste et bien portant n'interrompt pas son enseignement, peut suffire à toute sa tâche, et met plus d'entrain dans sa classe. Toute son attitude extérieure doit être irréprochable et pouvoir être prise comme exemple ; on sait combien les élèves sont portés à imiter leur professeur. Que son vêtement, que sa démarche, que sa parole soient soignés et distingués, sans recherche ni affectation.

Il faut qu'il sache bien lire, la poésie comme la prose : cela est de première importance dans l'enseignement. Avant tout, il est essentiel de surveiller et corriger la

---

[1] Il serait curieux de la comparer avec les pages de Rollin, dont on retrouve souvent des idées dans la pédagogie allemande, et avec les chapitres de Henri Marion (*L'éducation dans l'Université*) qui traitent le même sujet.

prononciation dialectale. Celui qui trouve en soi ce défaut doit le combattre sans relâche. (On sait combien on est sensible à ce reproche en Allemagne, et avec quelle facilité on s'accuse de province à province.)

Les professeurs doivent toujours garder le ton de la bonne société, en classe et hors de la classe. Et pour cela il importe qu'ils ne vivent pas entre eux, fermés aux autres relations, mais que, sans être des mondains, ils fréquentent le monde et l'élite de la société. Il n'est pas bon, même pour le métier, de parler toujours des choses du métier. La pédanterie est funeste à l'éducateur, car la connaissance de la vie est indispensable à l'éducation, et même à l'enseignement ; sans elle, par exemple, on ne pourrait expliquer Horace. (Il faut dire qu'ici et dans beaucoup de gymnases Horace tient la première place. Il est présenté non seulement comme le poète délicat et spirituel dont on peut faire goûter certaines pièces, mais comme un maître de la vie, un éducateur, on dirait volontiers un modèle de conduite !) Dans les grandes villes surtout, il est absolument nécessaire que les professeurs voient les meilleures familles et la plus haute société, car les élèves ont l'œil pénétrant et savent reconnaître les moindres faiblesses et ridicules.

C'est une faute grave que de se laisser emporter à des paroles injurieuses ; même devant l'insolence des élèves il faut se dominer. C'est une faute aussi de se moquer des élèves, surtout de leurs faiblesses ou infirmités naturelles, ou de plaisanter sur leurs noms.

Toutes ces pratiques, qui paraissent anodines à bien des maîtres, et dont la tentation est irrésistible pour ceux qui sont spirituels ou pensent l'être, ces pratiques offensent les enfants, les familles mêmes, et ne déterminent pas, tant s'en faut, les élèves à se mieux conduire ou à mieux travailler. On ne doit reprocher que les défaillances de la volonté ; encore doit-on se souvenir qu'on a été jeune et vouloir être indulgent.

En effet, c'est un devoir d'être optimiste, de penser à priori que tout enfant est bon, car c'est la vérité moyenne. Il ne faut donc pas juger trop vite, décider au premier coup d'œil, et sur une impression, que tel élève est méchant ou vicieux, qu'il n'y a rien à faire de lui. On étudiera l'individualité de chacun en se persuadant que cette étude est aussi difficile que nécessaire. C'est ainsi qu'on sera près des élèves. Si on n'est pas près d'eux, on ne fait rien pour l'éducation. Il importe donc de causer avec eux, surtout dans les classes supérieures, pour connaître les vrais sentiments des jeunes gens. Trop souvent, avec toutes les marques extérieures de la déférence, ils restent à côté de nous, impénétrables et comme étrangers, parce que nous nous retranchons chez nous, au lieu d'aller à eux et d'apprendre en des conversations familières leurs idées et leurs tendances. En ce moment, par exemple, il faudrait pouvoir combattre l'influence sur la jeunesse de deux philosophes, Schopenhauer et Nietzsche, dont l'un les porte au pessimisme, et dont l'autre gâte leur cœur par sa conception du surhomme. Beaucoup d'élèves parmi les grands oublient qu'ils sont élèves, et la discipline en devient difficile. N'allez pas croire pour autant qu'ils n'ont que des défauts, et si vous voulez avoir leur confiance, reconnaissez et louez franchement en eux tout ce qui mérite d'être loué.

Les rapports avec les parents font partie du service du professeur. Il doit toujours avoir une heure d'audience (*Sprachstunde*) pour les recevoir. Dans les cas délicats, qu'il se souvienne de la maxime : *fortiter in re, suaviter in modo*. On doit tout dire aux parents, et tout peut être dit sans les offenser ni les désespérer. On ne leur dira jamais que leur enfant est inintelligent, ni même qu'il est un paresseux incurable. Il faut savoir traduire ces jugements, d'autant plus qu'on se trompe souvent en pronostiquant d'une façon tranchante l'avenir d'un enfant. C'est le défaut ordinaire des jeunes maîtres. Avec les mères surtout il faut être doux, et d'une patience infinie.

La justice importe cependant plus encore que l'indulgence. La sévérité même ne déplaît pas aux élèves en tous cas, ils sont toujours plus tard reconnaissants aux maîtres sévères qui ont été justes. Mais sévérité n'exclut pas sérénité. La plaisanterie distinguée et de bon ton est toujours permise, ou, pour mieux dire, utile. Il faut savoir rire de bon cœur avec les enfants et avec les jeunes gens.

Si le zèle et l'attention sont deux vertus d'élève, elles ne sont pas moins du devoir du professeur ; il faut qu'on sache et qu'on voie qu'il travaille. Par exemple, nous exigeons que les élèves soignent leurs devoirs et s'appliquent à l'écriture : nous devons donc soigner aussi nos corrections et notre écriture même. Les instructions ministérielles le recommandent; les candidats voudront bien s'y reporter.

En classe, il faut avoir tous les élèves devant les yeux. On ne se promènera donc pas, on ne parlera pas derrière eux. Cela ne vaut rien ni pour l'enseignement ni pour la discipline. Le professeur se tiendra dans la chaire ou à côté, à la même place; par le regard, le geste, la parole il restera en communication constante et vivante avec la classe.

Chaque leçon exige une préparation scientifique faite avec soin; mais il faut savoir adapter sa science à sa classe, c'est-à-dire aux âges les plus divers et aux promotions les plus inégales. Il faut être savant, et se tenir au courant, mais il ne suffit pas d'être savant; il faut savoir enseigner. Voilà pourquoi on a institué les séminaires de gymnase.

Enfin, la docilité est nécessaire aux maîtres comme aux élèves. Nous devons tous obéir; nous avons tous une autorité au-dessus de nous. Ici même, dans le gymnase où nous travaillons, il peut arriver que tout le monde n'approuve pas l'avis de l'autorité; en tous cas il faut respecter les instructions et règlements des supérieurs. Rien n'empêche d'ailleurs d'en causer avec eux, de venir exposer ses objections au directeur qui n'est pas et ne peut se prétendre infaillible; ou bien on les présentera dans le conseil des professeurs. Jamais on ne doit, comme cela est arrivé, porter ses griefs hors de l'école, s'adresser directement aux Chambres ou aux hommes politiques. Toutes ces choses de métier doivent rester entre nos murs, et nous devons travailler en famille au bien de l'État.

J'ai tenu à résumer toute cette leçon. Je ne pouvais rien rapporter qui traduisît mieux la doctrine de ce séminaire et l'esprit qui l'anime. Car les relations entre les personnes m'ont bien paru garder ce caractère de confiance réciproque, et surtout cette courtoisie et cette aménité dont le directeur laisse à ses hôtes le durable souvenir. Il y a là, je le répète, un des exemples les plus instructifs et les plus persuasifs de l'organisation des séminaires de gymnase.

RATISBONNE

L'*Altes Gymnasium* de Ratisbonne est bien celui qu'on s'attend à trouver dans cette ville ancienne, si curieuse, et qui a gardé tout le pittoresque et tout le calme du passé. Dans la tranquillité du quartier qui l'entoure, ses vieux bâtiments semblent comme un lieu de retraite et de paisible travail. Et il est inévitable que ce caractère se retrouve dans la physionomie du séminaire, dans les souvenirs qu'en emportent les jeunes professeurs. En tous cas, on y travaille bien, et l'on est au courant des derniers progrès de la pédagogie.

En l'absence du directeur et en son nom, ceux qui le remplacent me font le meilleur accueil. Au séminaire, je suis reçu et renseigné avec beaucoup d'obligeance par son assistant M. Ammon. J'assiste d'abord, avec les six candidats, à une leçon modèle dans la seconde classe (première année de latin). On corrige un petit thème en interrogeant sur les déclinaisons et conjugaisons. Les candidats ont le spectacle d'une classe faite avec beaucoup de zèle et de précision, devant des enfants dociles, un peu lents, formés à d'excellentes habitudes, mais tenus à un sérieux inflexible. Ce qui manque le plus ici, comme dans presque toutes les classes allemandes, c'est la bonne humeur et la gaieté : on ne rit presque jamais.

Avant la séance, M. Ammon me montre les travaux des candidats [1] ; il me fait visiter la bibliothèque du séminaire et celle des professeurs, qui reçoivent beaucoup de revues et de journaux pédagogiques ou même politiques.

[1] Voici quelques-uns des sujets de ces dernières années :
— Welche pädagogisch-didaktischen Grundsätze des Quintilian haben für unsere Gymnasien noch Geltung (mit 2 Lehrproben).
— Frage und Antwort im Unterricht (mit einer deutschen und lateinischen Lehrprobe für die dritte Klasse).
— Auf welche Weise lässt sich die Behandlung des deutschen Gedichtes auf der Mittelstufe des Gymnasiums fruchtbar für den Unterricht gestalten ?
— Aufmerksamkeit und selbstthätige Mitarbeit der Schüler während der Unterrichtsstunden.
— Der Geschichtsunterricht in der fünften Klasse.
— Die Liviuslektüre in Sekunda.
— Wie hat der Lehrer die Cäsarlektüre zu gestalten am Geist und Herz der Schüler zu bilden ? (Nachzuweisen an *De bello Gallico* I).
— Der erste Unterricht im Latein.
— Wie können die im Cornelius Nepos enthaltene Bildungsstoffe in der Schule am besten zur Geltung gebracht werden ?
— Welche eigentümlichen Schwierigkeiten sind mit dem griechischen Anfangsunterricht verbunden und welches Verfahren muss zu ihrer Beseitigung angewandt werden ?

Le gymnase semble riche surtout en ouvrages de géographie ; il possède les plus récents, de différents pays, avec une abondance de livres illustrés, de cartes, de plans, de photographies, qui témoignent de la place qu'on donne ici à l'enseignement par l'image.

C'est dans la salle de géographie qu'a lieu la séance du séminaire. Le professeur a cette année sept candidats. Ils semblent plus familiers avec lui et plus à leur aise que partout ailleurs ; rien ici de solennel et qui rappelle la distance hiérarchique ; mais cette simplicité n'exclut pas la déférence. Au début, on lit le dernier procès-verbal, mais ce n'est pas une formalité. Le texte est à chaque pas corrigé, fixé, complété par le professeur, et fournit l'occasion de revenir sur la leçon précédente. Deux candidats sont ensuite priés de rendre compte de leur dernière classe d'essai ; ils le font sommairement, en quelques mots, et tout le reste de la séance est pris par la leçon du professeur.

Il traite de l'enseignement de la géographie, de ses moyens et instruments. Outre les cartes, plans et images disposés dans la salle, on apporte à deux reprises des piles d'ouvrages qui passent de main en main, à mesure qu'il en est parlé dans la leçon. M. Ammon, dont l'érudition semble inépuisable, donne une abondante bibliographie ; il écrit les noms des auteurs au tableau, les compare et les apprécie rapidement, en insistant un peu sur les grands ouvrages, et répond sur tel ou tel aux questions ou observations des candidats. Ceux d'entre eux qui enseigneront la géographie seront bien outillés s'ils ont tous ces livres entre les mains pour préparer leurs leçons. Une autre fois sans doute, avec autant d'érudition, M. Ammon donnera la bibliographie d'un autre enseignement.

Quant à la didactique proprement dite, j'en retiens les indications suivantes. Il faut s'adresser en même temps à l'œil et à l'oreille de l'élève, en accompagnant la parole d'un dessin ou d'une démonstration sur la carte. Le principe de la concentration commande de relier l'enseignement de la géographie aux autres. Il se rattache tout naturellement à celui de l'histoire, encore qu'ils doivent rester distincts et séparés. Il a des relations avec celui du latin : César ne peut être expliqué sans géographie. Il touche à celui de l'allemand, par l'explication des noms et termes géographiques. Il sert à la culture de l'imagination, par la description des grands phénomènes ou spectacles de la terre, etc.

Chaque leçon devra avoir son objet précis et bien déterminé. Le plan variera, au moins pour le détail, avec les classes, car la pratique est toujours multiple et variée. Cependant on peut donner des directions générales. Avec les petits, on commencera par l'orientation, puis on s'attachera à la représentation des proportions et mesures sur la carte, enfin on s'assurera de l'idée que les enfants retiennent des choses géographiques. A partir de la Sexta (Troisième) il n'y a plus de leçons spéciales ; la géographie ne vient que pour éclairer l'histoire, à propos des traités, des frontières naturelles, par exemple.

Ce qu'on ne saurait rendre ici, c'est le mouvement

de cet exposé ou de cette causerie, la vivacité des rapprochements, la variété des aperçus et des digressions. Les idées défilent rapidement, comme les noms sur le tableau ou les volumes dans nos mains. Les candidats notent avec soin et à la hâte l'essentiel de ces indications et de ces titres qui leur seront précieux quand ils seront livrés à eux-mêmes ; et cette érudition qui semble un peu exubérante a son utilité pratique. Ce qui est certain, c'est que la méthode est autre ici, comme le tempérament des personnes. Il y a moins de calme, et un ordre moins réglé ; il n'y a pas moins de science et d'ardeur pédagogiques. Enfin, je le répète, les candidats sont très près du professeur ; ce sont de jeunes collègues, non pas de demain mais d'aujourd'hui, souvent de jeunes amis, avec qui il se plaît à causer même en dehors du séminaire.

CONCLUSION

Je me suis attaché à ne donner que des faits et des témoignages, et à traduire fidèlement l'impression que j'ai reçue des hommes et des choses. Je donne cette impression même comme un fait, que je ne pouvais détacher des autres. Car il ne s'agit pas ici de chiffres, de statistiques ou de documents, mais de relations entre des personnes, d'actions et de scènes dont on ne présente qu'une idée fausse si l'on n'en exprime pas la vie même, telle qu'on l'a sentie. J'ai voulu la saisir sans parti pris, avec le seul désir de comprendre, comme on peut le faire quand on est soi-même un homme de métier, et qu'on a vécu longtemps cette vie de l'enseignement secondaire. Mon souhait le plus vif serait que tous nos futurs professeurs et proviseurs pussent voyager, et connaître par eux-mêmes ce qui se fait à l'étranger; des bourses de voyages pédagogiques seraient de l'argent bien employé. Mon ambition a été tout simplement de rapporter ce que j'avais vu et entendu; chacun pourra conclure à son gré sur ces renseignements. Peut-être me sera-t-il aussi permis d'ajouter brièvement les réflexions pratiques que m'a suggérées mon enquête. Au cours ou au retour d'un voyage semblable, on ne peut pas ne pas songer à ce qui se passe ou pourrait se passer chez nous.

Tout le monde sait comment sont formés nos maîtres de l'enseignement secondaire, car rien n'est plus simple. Scientifiquement leurs titres, licence ou agrégation, sont incontestables ou éminents. Ils savent assez en général, souvent plus qu'il n'est indispensable. Quant à leur préparation professionnelle ou pédagogique, elle est nulle. On nous met une classe entre les mains sans se demander si nous sommes capables de comprendre des enfants et de nous faire comprendre d'eux. Quiconque a bien fait une version latine ou une composition de grammaire a tout ce qu'il faut pour tenir une classe de Sixième, cultiver l'esprit et le caractère de quarante enfants de dix ans.

Mais tout cela est connu, et je ne m'attarde pas à cette démonstration. Il y a des résistances obstinées et qu'aucune démonstration ne saurait vaincre. Cependant on finira bien par admettre que le très beau métier de professeur de lycée ou de collège ne saurait être le seul au monde qui ne comporte point d'apprentissage, et pour lequel ceux qui le savent n'aient rien à enseigner à ceux qui l'entreprennent. On finira par ne plus admettre qu'on naît professeur de Huitième comme on naît lymphatique ou nerveux ou plutôt comme on naît grand homme, que tout est ici question de prédestination et de génie, et qu'un professeur « coulé » dans sa classe devait l'être de toute éternité. Un de nos anciens maîtres qui passa par l'école d'Athènes disait volontiers en le rappelant : « Pour entrer à l'école de Rome il faut du talent ; il faut du génie pour entrer à l'école d'Athènes. » Il est impossible que les bons professeurs soient tous des hommes de génie, et que parmi eux les élèves de Rome ne soient pas la majorité. Et si le talent exige des qualités natives qui manqueront toujours à quelques incapables, encore faut-il que ces qualités soient cultivées et dirigées ; c'est cette culture même qui permet de les discerner à coup sûr, par suite d'écarter ceux qui sont décidément incapables. On peut donc *devenir* bon professeur et on doit pouvoir trouver, avant de s'engager pour toujours, le moyen de le devenir ou de s'éprouver. Sans doute, c'est dans la pratique même et par la pratique indépendante qu'on déploiera toute sa valeur, et son originalité professionnelle. Mais pourquoi obliger chacun de nous à tout inventer, en lui laissant ignorer ce qu'on a trouvé de meilleur avant lui ? N'est-ce pas un devoir d'en informer le débutant, de l'instruire de ce qui se fait dans les meilleures classes de son pays ou de l'étranger, de lui montrer l'organisation générale de l'enseignement et celle d'un lycée, de lui expliquer les programmes et ce qu'on attend de lui, les règlements qui disent ses devoirs... et ses droits ? Il n'y a là aucune restriction de sa liberté. Il n'y a que de la stricte loyauté ; et comment n'y pas voir aussi le premier intérêt du jeune maître, celui du corps où il entre et qui a sa dignité professionnelle, celui de l'État qui doit avoir le souci des progrès de l'enseignement et de l'éducation ?

Vérités évidentes, même chez nous, dans l'enseigne-

ment primaire, qui le seront bientôt ailleurs, et qui ont
déjà ébranlé des préjugés tenaces contre la pédagogie.
Elles menacent notre ancienne organisation de l'enseignement secondaire d'où la culture professionnelle
est exclue, et où on la tient pour ridicule. Les projets
les plus révolutionnaires sont en question à côté des
plus timides. Réforme d'ensemble ou expérience li-
mitée, il semble inévitable que l'on fasse quelque
chose. Quelle place pourrait-on donner dans cette
entreprise pédagogique au lycée d'une part, à son proviseur et à ses professeurs, et de l'autre à un enseignement théorique de la pédagogie ? Voilà la question
précise dont je voudrais dire un mot pour conclure.

A priori, rien n'est plus légitime, plus nécessaire que
de confier au lycée et à ses meilleurs maîtres au moins
une partie, la partie pratique de cette préparation.
Que l'on fasse à l'enseignement de la pédagogie, à
l'École normale et dans les Facultés, la place que l'on
voudra — et je souhaite qu'elle soit assez large, — on
ne peut pas prétendre qu'il suffise, et qu'on apprenne à
enseigner en lisant des livres ou en suivant des cours,
sans assister à des classes et sans en faire. Théorie et
pratique doivent se combiner ici comme partout, et se
féconder l'une l'autre. La pratique ne serait que routine si elle n'était vivifiée et renouvelée par les recherches scientifiques ou philosophiques ; il ne suffit
pas d'être un vieux routier, enfermé en ses procédés et
en ses cahiers, fermé à toute idée nouvelle ou étrangère, dédaigneux de la philosophie de l'éducation, pour
avoir le droit de diriger de jeunes maîtres et le moyen

de se faire écouter d'eux. Mais aussi on ne prend goût à la théorie d'un art que si l'on a déjà compris les questions que pose la pratique et senti le besoin de les résoudre. Les étudiants de médecine ne trouvent intérêt aux cours qu'après avoir vu des malades ; les étudiants de pédagogie ne seront vraiment curieux et zélés qu'après avoir essayé de comprendre et de diriger des enfants. Ainsi, on ne pourra pas se passer du lycée pour organiser l'apprentissage du métier de professeur. Du reste, on ne réussirait pas autrement, chez nous surtout, à faire accepter la pédagogie dans l'enseignement secondaire et à l'y faire vivre. Si les maîtres du lycée l'enseignent, non seulement ils cesseront de la trouver inutile ou ridicule, mais elle leur deviendra intéressante et chère.

A posteriori, nous avons pour nous renseigner deux faits d'expérience [1] : chez nous la pauvre organisation du stage des normaliens et des boursiers d'agrégation ; à l'étranger celle des séminaires de gymnase. On sait ce qu'est devenue cette institution du stage. L'intention en était excellente, encore que bien trop discrète et timide ; en fait, sauf exceptions, le stage n'est pris au sérieux ni par les professeurs des facultés, ni par ceux des lycées, ni par les étudiants. La plupart le subissent comme un trouble des études et des classes, s'y prêtent de mauvaise grâce ou sans conviction, comme à une formalité encombrante. On ne peut donc

---

[1] Je ne parle pas de l'ancien stage. Il était inefficace, condamné à disparaître, parce qu'on n'y faisait rien de spécial. Ce n'était que du temps passé à attendre à la porte,

imaginer de conditions plus défavorables. Et pourtant, malgré tout, le résultat vaut mieux qu'on n'aurait le droit de le penser, puisqu'il n'est pas nul ou même funeste, tant il y a de vérité dans le principe.

En effet, nous sommes nombreux à estimer que nous avons appris quelque chose à cet essai d'enseignement, mais que nous n'en avons pas eu tout le profit qu'il pouvait donner. C'est que la classe n'était pas une vraie classe, et que les distractions ou lectures obligées y prenaient trop de place ; c'est aussi que la direction du professeur restait insuffisante, tant il mettait d'amabilité à paraître le moins possible, et de coquetterie à ne pas faire le pédagogue. Et de même, je sais par des boursiers d'agrégation, pour les avoir reçus dans ma classe ou connus comme étudiants, que le stage les a intéressés et qu'ils y ont au moins compris les difficultés du métier ; l'épreuve a été d'autant plus profitable pour chacun d'eux qu'il a pris une part plus active à l'enseignement. Si courte donc et si dérisoire que soit cette expérience, elle permet d'apercevoir ce qu'elle donnerait si elle était sérieusement organisée, pratiquée de plein gré, consacrée par une sanction, aussi libérale qu'on voudra.

Mais ce n'est pas assez d'introduire un débutant dans une bonne classe, correspondant à l'enseignement qu'il devra donner, et de l'y enfermer pour ainsi dire, même sous la conduite d'un professeur émérite. Est-il raisonnable qu'un grammairien ne connaisse que des classes ou une classe de grammaire, un philosophe une classe de philosophie ? Est-il profitable au bien général de l'enseignement que chacun d'eux ignore comment on enseigne la littérature ou l'histoire, ou la géométrie, quel travail on demande d'autre part aux élèves à qui il a affaire, quelles directions ils reçoivent à côté de la sienne ? Est-il bon qu'il ne connaisse, pour ainsi dire, que le chemin de sa classe, aller et retour, qu'il ignore l'étude où travaillent ses élèves, la tâche du répétiteur qui s'occupe d'eux, les jeux auxquels ils se livrent, la distribution de leur temps, la vie qui leur est faite ? Faut-il qu'il ignore aussi ses droits et la mesure exacte de ses devoirs, le règlement qu'on lui applique ou qu'on lui « rappelle » sans le lui avoir jamais fait connaître, la place précise qui lui revient dans l'œuvre commune, le bien qu'il aurait le droit d'y faire ? N'est-ce pas ainsi qu'il arrive que chacun se ferme chez soi, attaché à son devoir strict mais jaloux de son indépendance et de sa tranquillité, indifférent à des réformes d'ensemble sauf pour les points où elles le touchent ou le dérangent, étranger à l'intérêt général qui « ne le regarde pas », laissant ce souci à l'administration, dont c'est le métier mais qu'il n'est pas fâché d'en trouver incapable, soumis enfin à un mécanisme qui le rabaisse et dont il se venge en ne donnant, en dehors de sa classe sinon pour sa classe même, que ce qu'exige le mécanisme ?

Si tout cela est vrai, il est indispensable que le professeur, dès son entrée dans la carrière, connaisse les programmes et le règlement, qu'il sache ce que c'est qu'un lycée et comment marche la maison. Pour le savoir il faut qu'il voie chacun à l'œuvre, qu'il assiste aux classes les plus diverses, qu'il entre dans des études, qu'il suive le travail et la vie des élèves, qu'il soit initié à la pensée qui les dirige. Qui donc le pourra guider dans cette exploration, lui expliquer la vie de l'ensemble et la fonction de chacun, sinon celui qui est à la tête de la maison, et qui en est responsable? Qui donc fera connaître le lycée aux débutants sinon le proviseur? Plus on y réfléchit, plus on se convainc qu'il faut qu'ils le connaissent et que c'est au proviseur à le leur apprendre. Il y a pour le moment chez les uns une ignorance déplorable, chez l'autre une science et une expérience qu'on laisse inutiles ; on gaspille, faute de méthode, les forces et les bonnes volontés. C'est le bon sens même ; il n'y a pas, pour le spectateur impartial, deux avis possibles ; et un jour viendra, prochain sans doute, où l'on ne comprendra pas qu'on ait pu refuser cette instruction aux jeunes professeurs et ce rôle aux proviseurs. Encore faut-il, dira-t-on, que les proviseurs soient capables de le remplir. Nous verrons ce qu'il en est en fait, mais ne renversons pas dans le principe l'ordre des choses : la vérité est qu'on n'a pas le droit d'être proviseur si on en est incapable.

Cette vérité est-elle donc impossible à traduire en pratique? J'ai bien mal rapporté ce que j'ai vu si ce petit livre ne démontre le contraire. Car j'ai vu à l'œuvre des proviseurs qui s'acquittaient bien — ou très bien — de cette fonction, et avec qui des débutants apprenaient vraiment leur métier. Qu'il y en ait d'autres, en Allemagne et ailleurs, cela est certain ; et j'ai dit qu'on ne confiait pas un séminaire à n'importe quel directeur, qu'on retirait même cette confiance à celui qui y répondait mal. J'ajoute que j'ai de parti pris demandé à voir de bons séminaires, et que sans doute on a mieux aimé ne pas m'en indiquer d'autres. Mais il suffit qu'il y en ait assez de bons comme ceux que j'ai visités pour prouver que l'institution, légitime *à priori* et nécessaire, n'est *en fait* ni chimérique ni précaire. Et c'est un fait aussi qu'on est en moyenne fort satisfait de ses résultats. Si on songe à l'améliorer, on ne songe pas à la supprimer ni à la restreindre. Elle est de jour en jour mieux établie dans le pays qui l'a le premier organisée ; et les autres pays ont suivi ou sont en train de suivre l'exemple de la Prusse, chacun à son tour et suivant son tempérament.

Je n'oublie certes pas les objections, ni celles des routiniers troublés dans leurs habitudes et leurs commodités, ni celles des esprits plus libres qui songent aux vraies difficultés. Les uns prétendent qu'on dérange les élèves et surtout les professeurs, et qu'on inflige inutilement à ces stagiaires une année supplémentaire et onéreuse d'apprentissage. Les autres répondent que les élèves ne perdent pas leur temps à ces classes d'essai, ou qu'ils perdraient beaucoup plus en tous cas à subir toute une année la maladresse d'un novice. Ils estiment que la classe d'un bon professeur doit pouvoir être entendue sans dérangement par le directeur et par de jeunes collègues qui viennent s'instruire, qu'on doit plier au besoin ses habitudes à l'intérêt commun, enfin que l'année de séminaire est de beaucoup supérieure au régime ancien du *Probejahr*. Et les faits leur donnent raison. Mais ils ajoutent que les directeurs sont surmenés ou risquent de l'être, que dans certains séminaires la pédagogie tend à devenir trop didactique et formaliste et dans d'autres trop réduite au commentaire banal du programme, que le candidat n'est pas assez libre dans ses leçons d'essai, que cette année de stage sans traitement rendra plus difficile encore le recrutement. Tout cela s'accorde encore avec des faits, mais ne résume pas tous les faits, et ne ruine pas le principe. Car il sera sans doute possible d'alléger la tâche des bons directeurs, d'imiter partout la pratique des meilleurs séminaires et d'enseigner une pédagogie libérale et philosophique, d'assurer le recrutement en payant les stagiaires ou par la promesse d'autres avantages ou en supprimant le *Probejahr*. Ce qui est certain, c'est que les difficultés ont été résolues quand on a trouvé les hommes. En Allemagne, personne ne conteste la nécessité d'un apprentissage pédagogique pour l'enseignement secondaire. Les séminaires de gymnase en sont, pour longtemps sans doute, la forme la plus satisfaisante.

Que devons-nous donc faire ? La conclusion semble toute simple. Nous qui avons tout à faire, et qui, trouvant table rase, sommes maîtres de choisir le meilleur système et d'installer tout à neuf, nous n'avons qu'à transporter chez nous l'organisation allemande. Il n'y a qu'un règlement à formuler ou à traduire, et des hommes à nommer. Non ; on n'importe pas ainsi, purement et simplement, des institutions, pédagogiques ni autres. Nous devons faire quelque chose, et de semblable sans doute, car là est l'idée juste et qui sera tôt ou tard nécessaire. Mais nous ne pouvons faire exactement la même chose ; nous n'avons ni le tempérament allemand, ni les mœurs. Nous ne pourrions accepter ni ce qui reste de formalisme didactique dans leur pédagogie la plus libérale, ni ce qui reste de discipline militaire ou tout au moins d'esprit hiérarchique dans leurs plus courtoises relations de fonctionnaires. Si nous gardons les cadres, il faudra que nous y mettions notre esprit et notre caractère, et que nous laissions les hommes, même ou surtout les jeunes hommes plus libres d'être originaux, et plus indépendants. Il est certain aussi que nos enseignements sont, à raison ou à tort, plus spécialisés, dans les lycées du moins, et qu'ainsi un proviseur ne saurait les diriger tous, ni seulement tous ceux de lettres ou tous ceux de sciences avec la même autorité [1]. En un mot, il faudra constituer quelque chose qui soit viable chez nous et qui soit nôtre.

Après tout, nous n'avons qu'à regarder ce qui se fait chez nous dans l'enseignement primaire. Nous verrons que nous avons moins encore à imiter l'étranger qu'à nous imiter nous-mêmes, et à introduire le meilleur de notre pédagogie dans notre enseignement secondaire. Beaucoup des exercices de cette préparation professionnelle sont dans la pratique courante de nos Écoles normales primaires ; enseignement de la psychologie

---

[1] Il a pourtant à les juger tous. Et il doit pouvoir du moins donner à tout jeune professeur, même plus savant que lui d'une science spéciale, d'utiles conseils sur son enseignement.

appliquée et de la pédagogie, initiation pratique à la vie de l'école, relations avec les élèves, leçons modèles, etc. Dans certaines Écoles normales même [1], outre l'enseignement que les élèves-maîtres donnent à l'école annexe, on a organisé des leçons d'épreuve suivies de séances de critique auxquelles prennent part les camarades du jeune maître, les professeurs de l'école, le directeur. Il suffirait donc, *mutatis mutandis*, d'adapter au lycée et avec l'esprit du lycée, cette éducation professionnelle. Mais je reviens aux séminaires de gymnase dont l'exemple peut paraître plus direct.

En quoi notre organisation devra-t-elle être semblable pour répondre à la même nécessité ou vérité, en quoi différente pour s'accommoder à notre tempérament et à nos mœurs scolaires ? Chacun la pourra définir à sa façon ; personne peut-être, même parmi les plus avisés et les plus compétents, ne donnera du premier coup la formule définitive :

1° Parce qu'il s'agit de créer chez nous des mœurs pédagogiques nouvelles, au moins autant qu'une organisation administrative, et que des décrets et circulaires n'y sauraient réussir d'une année à l'autre [2].

2° Parce que nous manquons de données d'expérience qui nous permettraient de préjuger l'avenir et de généraliser une tentative qui aurait déjà réussi. Ici nous touchons à un point délicat et à un point faible de nos

[1] En particulier à celle de Lyon.
[2] Voir là-dessus le livre de M. Dumesnil : *Pour la pédagogie.* A. Colin, 1902. (Librairie Armand).

institutions et de nos habitudes [1]. Nous réformons volontiers ou transformons tout d'un coup, sur le modèle d'une hypothèse à priori. L'hypothèse peut être bonne ; elle ne l'est pas toujours. Mais nous ne savons guère ce qu'elle peut donner dans la pratique, et quand nous la mettons en expérience, c'est pour l'imposer du jour au lendemain à tous les lycées et collèges de France. Lisez au contraire l'histoire des séminaires de gymnase en Allemagne, vous verrez que l'organisation actuelle n'a fait que modifier, d'après des résultats d'initiatives individuelles, une ancienne institution.

Quoi qu'il en soit, et qu'il s'agisse d'une création d'ensemble ou d'un essai limité, il faudra, je pense, partir de ces deux données : 1° La préparation professionnelle des professeurs ne peut pas se faire sans le lycée, ni hors du lycée ; 2° Elle réclame en même temps un enseignement plus large de la philosophie de l'éducation, de l'histoire et, si l'on permet cette expression, de la géographie de la pédagogie [2]. Il est nécessaire que nos professeurs aient réfléchi sur les principes, qu'ils connaissent la psychologie de l'enfant, qu'ils sachent l'essentiel de ce qui s'est fait avant nous, de ce qu'on fait à l'étranger. Ils ne s'y appliqueront avec toute la curiosité indispensable qu'après avoir déjà touché à la pratique et aux problèmes qu'elle impose.

[1] M. Lavisse, qu'il faudrait ici souvent citer, a plus d'une fois insisté sur cette idée qu'on devrait tenir pour démontrée.

[2] J'appelle ainsi, pour abréger, l'étude de la pédagogie (institutions, théories, mœurs) dans les différents pays.

Voilà la part de la faculté. Sur ces deux principes on peut bâtir des plans très divers. En voici un, que je propose pour donner corps à ces conclusions et qui se prêterait du reste à beaucoup de variétés et d'initiatives.

I

Au lycée d'abord. Je suppose terminées les études spéciales, littéraires ou scientifiques ; car les deux tâches ne peuvent aller de front. J'admets que l'on conserve telles quelles la licence et même l'agrégation ; et je prends des jeunes gens ayant achevé ou décidés à arrêter là leurs études d'Université. Il n'est pas question d'installer chez nous le séminaire allemand ; mais le principe et le cadre s'imposent. C'est au lycée que doivent d'abord appartenir les jeunes maîtres ; ils doivent passer beaucoup de temps pour s'instruire d'exemple et de pratique, pour apprendre la vie de la maison ; cela est plus évident encore pour nos lycées d'internes que pour les gymnases allemands. Voilà pourquoi j'écarte l'idée de réunir tous les candidats à l'École normale transformée, d'où ils iraient faire quelques classes dans des lycées de Paris pris comme écoles annexes. Ils resteraient ainsi trop extérieurs et étrangers au lycée, trop jaloux sans doute de leur indépendance d'étudiants, et risqueraient de considérer comme une corvée ou formalité accessoire leurs travaux pratiques du lycée. Du reste, l'École normale ne pourrait recevoir que les agrégés ; on exclurait donc du bénéfice de cet apprentissage les licenciés, les admissibles à l'agrégation qui sont, après tout, le plus grand nombre, qui peuvent aussi bien devenir d'excellents professeurs, mais qui n'ont pas moins besoin, au contraire, d'y être aidés et encouragés.

Je propose que l'on confie à un proviseur, de Paris ou de province, huit agrégés ou licenciés[1] renonçant à l'agrégation du moins pour le moment (ce nombre est un maximum ; on pourrait le réduire à six). Je réunirais quatre littéraires et quatre scientifiques ; mais chacun de ces groupes serait homogène, composé, par exemple, de quatre grammairiens et de quatre physiciens ; un autre lycée de stage aurait quatre philosophes et quatre mathématiciens, etc. Nous aurions ainsi l'avantage essentiel de n'occuper dans un même lycée que deux professeurs spéciaux à côté du proviseur. Il importe en effet que les fonctions soient définies ainsi que les responsabilités ; il importe aussi que les fonctions soient rétribuées, et voilà pourquoi il ne faut pas les multiplier dans chaque lycée de stage.

Le proviseur aura la haute direction ; il devra montrer, expliquer, enseigner tout ce qui est d'ordre général. Il organisera son propre enseignement pratique. Il assistera ou pourra assister aux leçons d'essai, il introduira et présentera, en avertissant, s'il le faut, les professeurs et répétiteurs, les candidats dans les classes, études, récréations, etc. De plus, pour chacun

---

[1] Je les rapproche à dessein pour cette culture professionnelle qui les doit rapprocher, et où les licenciés pourraient aussi bien se distinguer.

des groupes stagiaires, on choisira, sans autre souci que de prendre l'homme de la fonction, un bon professeur qui en acceptera la charge et l'honneur. Il se chargera d'apprendre à ces jeunes collègues à bien faire une classe. On pourrait fixer un minimum d'exercices obligatoires (leçons d'essai, corrections de devoirs, interrogations). Mais cela n'est pas indispensable. Si l'on choisit bien l'homme, il suffira de lui dire : Enseignez à ces jeunes gens à faire comme vous, et qu'ils sortent de vos mains déjà professeurs. Nous les verrons à l'œuvre de temps en temps, et nous jugerons à la fin de l'année les résultats. Car cela est indispensable à l'organisation du travail ; il faut que l'on se retrouve à des séances ou exercices déterminés, et que chacun donne la preuve de ce qu'il a appris.

Il va sans dire que ces jeunes gens devront entendre d'autres classes et d'autres enseignements, à tous les degrés ou dans tous les cycles. Ils seraient aussi les premiers suppléants tout désignés pour remplacer les professeurs absents ou malades. Je voudrais même que chacun d'eux pût — avec ou sans bourse — faire à l'étranger un voyage pédagogique d'un mois au moins, avec les recommandations nécessaires pour entrer dans les écoles, secondaires ou primaires. Ce ne serait pas la période la moins féconde de leur stage, à la condition bien entendu qu'ils soient obligés d'en présenter une relation. Mais, je le répète, il faudrait laisser assez de place à l'initiative des hommes. Les professeurs devraient s'entendre avec le proviseur, mais ils régleraient eux-mêmes le détail de leur tâche ; ils y

trouveraient ainsi plus d'intérêt et les stagiaires plus
de profit, avec l'agrément d'affectueuses relations de
travail.

Trouvera-t-on des hommes pour accepter ces fonctions et les bien remplir? Cela n'est pas douteux pour
les professeurs. D'autre part, quelque idée qu'on ait
des proviseurs de nos lycées, pour qui tout le monde
n'est pas tendre, les plus pessimistes ne soutiendront
pas qu'ils soient tous incapables de cette tâche et
indifférents à cet honneur. Ils n'auraient pas tous, peut-
être, la science, le talent et l'ardeur qu'il faudrait. Du
moins ils ont tous de l'expérience, ils sont presque tous
zélés et consciencieux, et il y a parmi eux, à Paris ou
en province, des hommes fort distingués. Cela suffit
pour commencer. Ils apprendront en les pratiquant
leurs nouvelles fonctions, et ils auront à cœur d'ajouter
à leur expérience la science nécessaire. Il faut dire en
effet aux pessimistes que c'est là un des plus sûrs
moyens de relever le prestige des proviseurs, et d'assurer un meilleur recrutement. Pourquoi tant de proviseurs manquent-ils d'autorité, d'ascendant moral sur
leur personnel ? Parce qu'ils n'enseignent rien et qu'on
les croit, à tort ou à raison, incapables de bien enseigner ; parce qu'ils sont confinés dans des fonctions
d'administration, tout en ayant le droit de juger ceux
qui enseignent. Ce n'est pas en leur donnant simplement plus de droits qu'on relèvera ou restaurera cette
autorité ; on a déjà vu qu'on risque ainsi de les rendre
un peu moins populaires encore. C'est en exigeant
d'eux plus de valeur professionnelle, avec la preuve

constante et tangible de cette valeur même. Si le proviseur gardait une classe à faire, s'il était le meilleur ou seulement un des bons professeurs de son lycée, s'il se montrait, par la science et le talent, au moins l'égal de ceux qu'il juge, les choses iraient autrement. On y viendra peut-être. Mais en attendant et en tous cas, il devrait enseigner ce qu'il n'a pas le droit de ne pas savoir mieux que personne dans le lycée, je veux dire le sens des programmes et des règlements, et les principes pédagogiques de son administration. Sans doute, il y a quelque péril à se faire le professeur de jeunes agrégés dont l'esprit critique est souvent intempérant. Il faut pourtant montrer aux débutants, agrégés ou non, qu'ils ont encore beaucoup à apprendre ; et il serait facile, au besoin, de faire dépendre le placement ou l'avancement du succès de cet apprentissage. Mais on doit plutôt avoir confiance en la bonne volonté de ces jeunes gens si l'on sait s'y prendre, et compter qu'ils s'intéresseront à cette pédagogie pratique. Les y gagner, c'est la fonction, non seulement des professeurs qui ont fait leurs preuves, mais des proviseurs. Quelques proviseurs le pourraient faire dès maintenant. Et si les autres, si surtout ceux qui ont l'ambition de l'être, savaient qu'ils peuvent un jour ou l'autre être appelés à ces fonctions et obligés d'y réussir pour avancer, tout de suite l'esprit général serait autre et le recrutement transformé [1].

---

[1] Je n'ai pas parlé des élèves et des parents, qui se plaindraient, dit-on. Ils n'auraient pas raison, et en fait ils ne se plaindraient pas, car ils n'y perdraient rien, au contraire. Les

Restent les questions matérielles. Si l'on veut que cette organisation soit durable, il ne faut pas tout demander au zèle et à la complaisance, comme on l'a fait pour le stage des normaliens et des boursiers. Si peu que ce soit, il faut payer, et non pas seulement en estime, ceux qui donneront du temps et du travail. Il sera déjà facile de leur garantir un avancement plus rapide, un avantage de promotion, etc. Il faut aussi, je pense, une rémunération plus précise et plus immédiate. Mais il suffirait, cela est certain, pour chacun des lycées de stage, d'une somme de 1200 à 1500 francs à répartir entre le proviseur, les deux professeurs et la bibliothèque pédagogique. Avec 15.000 ou 20.000 francs on assurerait chaque année l'éducation de cent professeurs nouveaux.

Mais que donnera-t-on à ces jeunes gens eux-mêmes dont on retarde d'un an l'entrée dans la carrière ? Il serait simple — trop simple cependant, encore que plausible — de répondre que nous ne manquons pas de candidats, et qu'il n'y aurait pas grand risque à en décourager quelques-uns. Mais il faut songer d'abord qu'on donnera à tous ceux qui le voudront le vivre et même le logement au lycée. Les suppléances leur seront payées [1]. On pourra reporter sur ce service une partie des bourses de licence ou d'agrégation qui n'y

classes d'essai vaudraient bien les classes de routine ou celles de suppléants improvisés. Le professeur est là, et c'est un bon professeur, qui tiendra à honneur de justifier cette distinction. En réalité la classe de stage sera l'une des mieux faites du lycée.

[1] Je voudrais qu'on ne leur permît que dans une stricte mesure de donner des répétitions.

sera pas mal employée. Il sera juste aussi de compter déjà cette année pour l'avancement. Et si l'on ne voulait commencer qu'avec cinq ou même dix lycées, on trouverait, en comptant cette année comme double, autant de volontaires qu'il en faudrait. Mais ce sont là des questions administratives faciles à résoudre. Je voulais seulement montrer que la dépense ne serait pas grosse pour un grand bénéfice pédagogique.

II

Voici maintenant la part de la *Faculté*. Elle est indispensable ; mais elle ne demandera que peu de présence à l'Université ; et les heures n'en seront pas difficiles à combiner avec le service du lycée. Il suffirait de deux ou trois conférences par semaine à partir de novembre. De plus, le professeur se chargerait de conduire les étudiants dans des écoles primaires, avec l'assentiment, cela va sans dire, ou plutôt avec la collaboration, facile à obtenir, des autorités académiques et des directeurs. Mais c'est un travail sérieux qu'on demanderait à chaque stagiaire, avec une sanction qui serait comme une licence ou un diplôme pédagogique [1]. Le jury réunirait un ou deux professeurs de la Faculté, le proviseur du lycée et le professeur à qui le stagiaire était

[1] On me permettra de signaler, car j'en résume ici le programme, le *Diplôme d'études pédagogiques supérieures* constitué à Lyon depuis 1901 (v. *Bulletin administratif* du 3 août 1901) et qui a déjà, bien qu'inutile, plusieurs candidats.

confié. Quant au programme, je mettrais à l'écrit un mémoire original sur une question de théorie ou de pratique, d'histoire ou de géographie pédagogiques ; à l'oral, la discussion du mémoire, avec une leçon sur une question fixée à l'avance et, peut-être, une explication d'un texte classique de pédagogie. A peine est-il besoin de dire que cette pédagogie ne serait jamais étroite et dogmatique. Ce serait avant tout la psychologie et la philosophie de l'éducation libéralement comprises, et, d'autre part, la connaissance de faits positifs, surtout des organisations et des méthodes étrangères. Il n'est pas nécessaire, je pense, d'insister là-dessus.

Peut-être demandera-t-on ce que devient en tout ceci l'École normale. Elle est pour le moment fort peu pédagogique ou professionnelle, fort peu normale en ce sens ; et j'ai dit pourquoi je n'en ferais pas la seule école pédagogique, non plus qu'elle n'est actuellemen' le seul centre d'études pour la licence ou l'agrégation. Mais elle est trop glorieuse et puissante pour n'avoii pas sa place dans cette préparation des maîtres si toutefois on veut encore y préparer les élèves à l'enseignement secondaire au lieu de les en détourner ; en tous cas il faudra prendre parti.

Les trois années actuelles pourraient rester ce qu'elles sont ; ou, ce qui vaudrait mieux encore, on exigerait la licence à l'entrée, et l'agrégation se passerait à la fin de la seconde année. De toute façon, on établirait une dernière année (quatrième ou troisième) qui serait l'année d'études pédagogiques. Les élèves trouveraient là la vie matérielle que d'autres pourraient avoir au lycée, l'enseignement que ceux-ci iraient chercher à la Faculté, avec les merveilleuses ressources de la bibliothèque. Mais chacun d'eux serait expressément attaché à un lycée de Paris, dans les conditions que j'ai décrites et avec les mêmes obligations, c'est-à-dire pour y passer le meilleur de son temps de travail. Ce serait toujours un avantage, et précieux, d'être élève de l'École normale; mais on pourrait, aussi bien qu'aujourd'hui, par une autre voie entrer dans la carrière avec les mêmes titres et les mêmes droits.

Mais je laisse le détail administratif. L'expérience enseignerait d'année en année à le compléter et à le fixer. L'essentiel est de commencer, avec une idée claire du but. Or, ce but est de déterminer un état nouveau d'esprit, des mœurs pédagogiques nouvelles. Ce qu'il nous faut, ce ne sont ni des programmes plus chargés, ni des professeurs plus savants (et je n'entends pas ainsi qu'il faille leur demander moins de science, mais seulement qu'ils en ont assez); c'est un esprit pédagogique qui brise certaines routines, assouplisse les procédés, donne à tous la curiosité et le goût des choses de l'éducation, obtienne enfin de tant de talents aujourd'hui juxtaposés une volontaire et féconde collaboration. A quoi ne peuvent suffire ni les plus belles circulaires ni les plus impérieuses, ni même les inspections générales annuelles et attendues, ni aucun mécanisme administratif. Ne nous a-t-on pas dit et « rappelé » vingt fois qu'il ne fallait pas traîner sur la récitation des leçons, ni dicter sans expliquer, ni abuser des cours dictés, ni faire copier et apprendre par cœur de longues pages de résumés, ni enseigner la géographie sans cartes ou l'histoire naturelle sans images ; ou encore qu'il fallait limiter à six heures par jour le travail des enfants, à huit heures celui des adolescents et des jeunes gens, etc. ? Que d'infractions pourtant à ces règles ou à ces ordres, et sans ombre de mauvais vouloir, par tradition et par habitude !

Là contre-circulaires et inspections seront toujours impuissantes, si elles sont seules. Il faut donc s'y prendre autrement. Ce n'est pas en commandant, mais en enseignant ; ce n'est pas par des instructions ministérielles, mais par l'instruction pédagogique des maîtres ; ce n'est même pas par des notes d'avancement, mais par la diffusion de la science et de la pratique pédagogiques que l'on aura l'assurance de réussir. Il ne faut pas rêver d'assujettir à je ne sais quelle discipline mécanique tant d'hommes de mérite, de savoir et de talent. Il faut gagner leur esprit à la science et à la philosophie de leur profession, et leur volonté à la passion du progrès pédagogique. Ce n'est pas l'œuvre d'un jour ou d'une année ; ce ne sont sans doute pas les professeurs d'aujourd'hui qui entreraient d'emblée et en masse dans ce mouvement nouveau, et il serait imprudent de le leur demander. Il suffit qu'il y ait, parmi les meilleurs d'entre eux, assez d'hommes convaincus pour commencer l'éducation d'une génération nouvelle.

En tous cas, le seul moyen d'y travailler est de renseigner et de convaincre les débutants, par la théorie et par l'action, dès leur entrée dans la carrière. C'est ce qu'on fait chez nous dans l'Enseignement primaire, et c'est la raison de ses indéniables progrès. C'est aussi le principe des séminaires de gymnase. Le succès de l'institution est incontestable, et quiconque verra ce qui se passe dans les bons séminaires le croira sans peine. Nous avons donc le devoir de chercher pour notre pays une organisation semblable, qui nous rende le même service, mais qui soit nôtre. J'en propose une forme qui mériterait au moins d'être essayée, qui le serait sans risque et sans grands frais. Je la résume en deux mots :

1° Désigner, en choisissant surtout les hommes, des lycées de stage dans chacun desquels huit agrégés ou licenciés (quatre de lettres, quatre de sciences)[1] seraient pendant un an, sous la direction du proviseur et de deux professeurs, libéralement et amicalement instruits de ce qu'est un bon professeur dans un bon lycée, et pratiquement exercés à le devenir.

2° Demander à ces jeunes gens de s'instruire à l'Université voisine sur la philosophie de l'éducation, sur les sciences qui y servent, et sur quelques grands faits de pédagogie historique ou étrangère, avec l'obligation de fournir, surtout par un travail original, la preuve de leurs études.

---

[1] Je rappelle que ces chiffres sont faciles à modifier. La proportion des littéraires et des scientifiques dépendrait des exigences du recrutement. Le principe seul me paraît important.

En un mot, organiser pour l'éducation professionnelle des professeurs de l'enseignement secondaire la
collaboration, qui est normale et nécessaire, du lycée
et de la Faculté.

TABLE DES MATIÈRES

Documents manquants (pages, cahiers...)
NF Z 43-120-13

www.ingramcontent.com/pod-product-compliance
Ingram Content Group UK Ltd.
Pitfield, Milton Keynes, MK11 3LW, UK
UKHW020211130726
13696UKWH00002B/860